Success15 fifteen

サクセス15
May 2014
5

://success.waseda-ac.net/

CONTENTS

information
ーインフォメーションー

早稲田アカデミー
各イベントのご紹介です。
お気軽にお問い合わせください。

中2・3対象

日曜特訓講座

お申し込み受付中
お近くの早稲田アカデミー各校舎までお気軽にどうぞ

一回合計５時間の「弱点単元集中特訓」！

難問として入試で問われることの多い“単元”は、なかなか得点できないものですが、その一方で解法やコツを会得してしまえば大きな武器になります。早稲田アカデミーの日曜特訓は、お子様の「本気」に応える、テーマ別集中特訓講座。選りすぐりの講師陣が、日曜日の合計５時間に及ぶ授業で「分かった！」という感動と自信を、そして揺るぎない得点力をお子様にお渡しいたします。

中２必勝ジュニア　**中２対象**

日程　4/20、5/18、7/13

「まだ中２だから……」なんて、本当にそれでいいのでしょうか。もし、君が高校入試で早慶など難関校に『絶対に合格したい！』と思っているならば、「本気の学習」に早く取り組んでいかなくてはいけません。大きな目標である『合格』を果たすには、言うまでもなく全国トップレベルの実力が必要となります。そして、その実力は、自らがそのレベルに挑戦し、自らが努力しながらつかみ取っていくべきものなのです。合格に必要なレベルを知り、トップレベルの問題に対応できるだけの柔軟な思考力を養うことが何よりも重要です。さあ、中２の今だからこそトライしていこう！

早稲田アカデミー
イメージキャラクター
伊藤 萌々香
（フェアリーズ）

中３日曜特訓　**中３対象**

日程　5/11、6/8、7/13

受験学年となった今、求められるのは「どんな問題であっても、確実に得点できる実力」です。ところが、これまでに学習してきた範囲について100%大丈夫だと自信を持って答えられる人は、ほとんどいないのではないでしょうか。つまり、みなさんの誰もが弱点科目、単元を抱えて不安を感じているはずなのです。しかし、中３になると新しい単元の学習で精一杯になってしまって、なかなか弱点分野の克服にまで手が回らないことが多く、それをズルズルと引きずってしまうことによって、入試で失敗してしまうことが多いものです。真剣に入試を考え、本気で合格したいと思っているみなさんに、それは絶対に許されないこと！ならば、自分自身の現在の学力をしっかりと見極め、弱点科目や単元として絶対克服しなければならないことをまずは明確にしましょう。そしてこの「日曜特訓」で徹底学習して自信をつけましょう。

本部教務部 03（5954）1731 までお願いいたします。

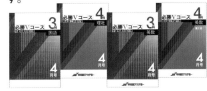

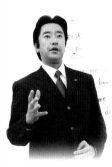

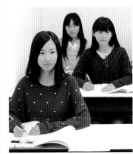

早稲田アカデミー主催

2014 地域別

高校入試報告会

1 2014年度の早稲田アカデミーの高校入試合格実績について説明する瀧本司 早稲田アカデミー代表取締役社長　2 首都圏の私立・国立高校の入試概況について話す高校受験部門統括責任者・酒井和寿先生　3 毎回多数の保護者の方が詰めかけました　4 都立高校の入試状況について説明する城南ブロック統括副責任者・雪が谷大塚校校長・冨山友則先生　5 受付に設置された各高校のパンフレットを手に取る保護者の皆様

早稲田アカデミー主催の「地域別入試報告会」の様子をお伝えします。

3月12日	神奈川県 （横浜国際ホテル）
3月14日	東京都 （新宿明治安田生命ホール）
3月19日	千葉県 （船橋きららホール）
3月20日	埼玉県 （浦和コルソホール）
3月25日	東京都 （小金井市民交流センター）
3月27日	東京都 （ヤクルトホール）

開成高79名、早慶附属高1431名（3月13日現在）など、2014年度高校入試でも圧倒的な合格者を輩出した早稲田アカデミーが、今年も高校入試報告会を開催しました。

東京・神奈川・千葉・埼玉の4都県6会場で、3月中旬から行われた「地域別高校入試報告会」では、高校入試の最新情報を手に入れようと、これから受験を迎えるお子さまを持つ保護者の皆様が多く集まりました。

各回では、今春の首都圏私立・国立高校の入試概況について、入試を取り巻く状況や、それを受けて変化する各校の出題傾向や入試問題の傾向をふまえた教科ごとの解説がありました。

また、近年変化の激しい公立高校の入試状況についても、各都県の概況や共通問題分析と対策などが説明されました。

確かな実績を毎年積み重ねた「受験のプロ」早稲田アカデミーの講師陣による講演に、参加された保護者の皆様の熱心にメモをとる姿が目立ちました。

早稲田アカデミーは、このほかにも、国立附属・開成・慶應女子などの難関高校に内容を絞った入試報告会なども開催しています。来月号にて、そちらの模様はお伝えします。

筑波大学附属駒場　東京都立日比谷　慶應義塾　慶應義塾女子　早稲田実業学校

先輩に聞く!!
難関校合格への軌跡

高校受験に不安を抱えている人も多いはず。
今回は、この春、見事第1志望の難関校に合格した
5人の先輩たちに、体験談を語っていただきました。
1日の勉強時間や、苦手科目の勉強法、モチベーションの維持など、
受験生にとって役に立つエピソードが満載です。
先輩たちに続いて、合格をめざして頑張りましょう!

その他の合格校

開成、西武学園文理

Q&A

１日の勉強時間は？
「１～２年のときはじつはあまりやっていませんでした。中３の夏以降は、多い日は10時間ぐらい。でも、12時には寝るようにして、できるだけ７時間は睡眠時間をとるようにしていました」

得意科目は？
「英語」

苦手科目は？
「数学」

苦手科目にはどう対処した？
「最低限、受験している人はだれでも解けるような問題は絶対落とさないようにすることと、筑波大附属駒場の関数は過去問でもできていたので、関数が出てきたら全部完答しようと考えて臨みました」

スランプはあった？
「ぼくは調子の波がすごく激しくて、テストで点数がよくてほめられると、すぐに調子に乗って次のテストではガクッと落ちてしまう。『これじゃダメだ』って頑張って、それであがって、また落ちて、の繰り返しだったので、スランプという感じはあまりなかったです」

息抜きは？
「ピアノを弾いていました。最後の時期は朝起きたら勉強して、ご飯を食べて、勉強して、たまにピアノを弾いて、ご飯を食べて、また勉強をして、という感じでした」

高校ではなにをしたい？
「部活動を頑張ることと、理科を極めてみたいなって思っています」

成績の
上がり下がりは
結構激しかった

富所《とみどころ》 暁《さとし》さん

筑波大学附属駒場
高等学校 進学

塾のクラスの仲間に刺激を受けやるべきことが明確に

中３の夏から受験モードに

本格的に受験モードに切り替わったのは中３の夏以降です。それまでは部活動（吹奏楽部）との両立で、平日は18時半ぐらいまで練習をして、それから塾に通っていました。好きだったので両立はつらくなかったのですが、いま思うとちょっと部活動に寄り過ぎたかなと（笑）。

志望校は、塾に入った中1のころから親に言われてなんとなく「筑波大附属駒場」「開成」というのがあったのですが、塾に通っているうちにその2つをめざす気持ちが固まってきました。

意識が変わった特別クラスでの日々

そんななかで、塾では中3の夏から筑波大附属駒場をめざす生徒が集まる特別なクラスに入ることができて、そこでは自分とライバルの差がわかって刺激を受けたり、授業も筑波大附属駒場の対策をするのでやりやすかったです。やる気も出たし、合格のためになにをやればいいかが明確になったんです。

このクラスで苦手だった社会も克服しました。とくに苦手だった歴史も、授業で先生に「ちゃんと流れをつかもう」と言われて、それを意識したら結構わかるようになりました。

生活面も気をつけるようにしました。中3になってから、夜中の2時ぐらいまで夜更かしをして勉強をすることがあったのですが、そうすると次の日に授業の内容が頭に入ってこないんですよね。だから早寝早起きをして、睡眠時間はできるだけ7時間はとるようにしました。

入試当日は、あまり緊張しませんでした。元々の性格もありますが、自分が落ち着いていれば周りの人が焦るだろうと思って。試験前の時間に英語の本を音読したりして。筑波大附属駒場は理科ができなかったぶん、苦手だった数学がいつもよりできたのが勝因かな。

いまになって振り返ると、本命に合格することはできましたが、中1～中2のときにもうちょっと勉強をしておけば、もっと楽だったのかなと。

中1～中2で基礎的な知識は固めておいて、中3になったらそれを応用して勉強することができればいいと思います。

私以上に緊張している
母を見たら
緊張もほぐれました

古本《ふるもと》 彩華《あやか》さん

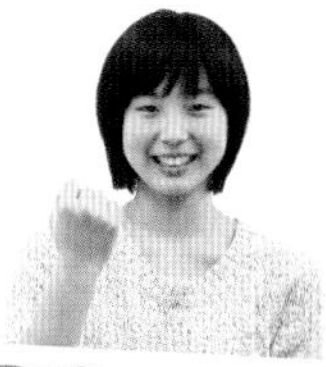

その他の合格校

市川、西武学園文理、
日本大学第二、早稲田大学本庄

早稲田実業学校

進学

ライバルと切磋琢磨しながら、最後まで諦めずに頑張る

Q&A

1日の勉強時間は?
「部活動と両立している時期は家で1時間、引退後は家で必ず3時間と自習室で1～2時間です」

得意科目は?
「国語」

苦手科目は?
「数学」

苦手科目の勉強方法は?
「典型的な問題は必ずとれるようにして、応用問題も数をこなしました。苦手な問題はノートにまとめて、試験会場にも持っていきました」

塾に入ったのはいつ?
「中1の9月です」

生活面で気をつけていたことは?
「睡眠時間をきちんととることです」

モチベーションを保つコツは?
「『合格』と書いた紙と点数のよかったテストを部屋に貼っていました」

当日のトラブルは?
「腕時計を忘れました。試験会場に応援に来てくれていた塾の先生に借りられたのでよかったです。先生に会えて安心しました」

模試の志望校判定はどうだった?
「20%未満から始まって、少しずつ少しずつあがっていきました。諦めなければ必ず学力は身についていきます」

当日の手応えは?
「まったくありませんでしたが、これで落ちたら仕方ないと思えるぐらい実力は出しきりました」

部活動との両立を乗り越え高校でも文武両道をめざす

中学でバレーボール部に所属していたので、高校でも文武両道をめざしたいと考えて、早稲田実業を第1志望校に選びました。

塾に入ったのは、中1の9月です。部活動の練習は週に6日、18時半までで、19時から塾だったので、身体が疲れて授業中眠くなってしまったり、宿題ができなかったりとつらかったです。塾を辞めようかなと思ったこともありましたが、「やらなきゃ」と自分に言い聞かせて頑張りました。家での勉強時間は、部活動と両立している期間は1時間が精一杯で、中3の春に引退してからは必ず3時間すると決めていました。そして塾に早めに行って1~2時間自習をしたり、土日は朝から自習室に行って1日勉強していました。

私は数学が苦手だったので、まず典型的な問題をすべて解けるようにして、応用問題も数をこなしました。しかし、入試直前の12月~1月にスランプになってしまい、過去問で数学が30点しか取れなくなりました。焦りもあり落ち込みましたが、志望校を諦めることはしませんでした。わからなかった問題はすべて塾の先生に解法を聞き、家に帰って何度も何度も復習しました。そうすることで、最終的には苦手を克服したという手応えを感じられるようになりました。

切磋琢磨できるライバルの存在

塾のクラスに志望校が同じ子や私の苦手な数学が得意な子がいたことが刺激になり、「負けていられない」という思いがバネになりました。志望校は違いましたが、友だちとも小テストや単語テストの点数をすべて競いあっていました。その子に早稲田実業の試験の前日「明日の試験、絶対合格しようね」と言われ、すごく嬉しかったのを覚えています。受験を乗り越えていくうえで、お互いに励ましあって切磋琢磨できる友だちの存在はとても大きかったです。

受験勉強をしていると、うまくいかないときは必ずありますが、自分と先生を信じて諦めずに勉強を続けてください。

少しずつでも必ず成績はあがっていきます。

慶應義塾
高等学校 進学

塾の先生を信じて苦手を克服し憧れの高校に合格

藤田《ふじた》 瑛介《えいすけ》さん

慶應の合格がわかったときは拳を突き上げて喜びました!

その他の合格校

慶應志木、西武学園文理、立教新座、早稲田実業学校、早稲田大学本庄

Q&A

1日の勉強時間は?

「平日は2～3時間で、おもに塾の授業時間が勉強時間という感じでした。土日は4～5時間で、直前期は8時間くらい勉強していました」

得意科目は?

「英語」

苦手科目は?

「数学」

どこで勉強していた?

「犬を飼っていてリビングはにぎやかだったので、自分の部屋の勉強机で勉強していました」

部活動には所属していた?

「サッカー部に所属していました」

部活動との両立は大変だった?

「体力があまりない方なので、部活動でほとんどのエネルギーをとられてしまって、家ではあまり勉強できませんでした。でも、そのぶん塾の授業を毎回集中して受けるという姿勢が身につきました。塾にいるときの集中力は、クラス内のだれにも負けていなかった自信があります」

部活動を引退したあと、気持ちの切り替えはうまくいった?

「サッカー部の活動に相当打ち込んでいて、熱心に活動していたので、中3の夏に引退するときは悔いもなくきれいさっぱり終わることができました。切り替えはうまくいったと思います」

試験当日のアドバイスはなにかある?

「時計を置いていない学校もあるので、自分の時計を持っていった方がいいですよ」

早い段階から私立1本に絞って受験対策

父の出身校である慶應の合格をめざして、中学に入学する少し前から塾に通い始めました。

中1のころから高校受験は私立だけを考えていたので、英・数・国の3教科を中心に勉強していました。帰国子女だったので英語は周りよりできましたが、英語が得意だったぶん油断していて数学の勉強をおろそかにしていた結果、数学でとても苦労することになってしまいました。

中2のころは自分の成績がなかなか伸びなくて本当に不安でしたし、ほとんどの時間を数学の勉強に費やしました。塾の先生が丁寧に教えてくれたことを信じて取り組んでいくうちに、徐々に不安はなくなり、直前期は自分がやってきたことを出せば大丈夫だと、自信も持てるようになりました。

いま思うのはもっと早くエンジンをかけていればよかったということです。中3の夏に1度エンジンがかかったあと、まただらけてしまったので、やる気を継続的に保てたら合格を確実なものにできたのではないかと感じます。

心に響いた言葉を胸に乗り越えた受験勉強

大きなスランプはなかったのですが、直前期に少しつまずき、克服できたはずの数学が、元の状態に戻ってしまいました。でも塾の先生が、「直前期で成績が落ちたからといって心配しなくても大丈夫」とアドバイスしてくれたおかげで落ち着くことができ、焦って猛勉強をすることもなく平常心に戻ることができました。

志望校合格の秘訣は「成功への鍵は根拠のない自信とそれを裏づけるだけの努力」という言葉です。塾の壁に張られているさまざまな名言のなかの1つで、まずは自信を持つことが大切なので自信を持とう、でもそれだけでは実力は身につかないので、自信を裏づけるための努力をして成功をつかもうということです。とても心に響いた言葉だったので自分のキャッチフレーズにしようと決め、心に留めながら受験勉強を頑張っていました。みなさんも、まずは根拠がなくてもいいので自信を持って、そのあとで合格につながるような実力を磨いてください。

緊張もしたけど、
当日は楽しんで
試験を受けました！

向井《むかい》 咲《さき》さん

慶應義塾女子
高等学校 進学

これまでやってきた自分の努力を信じて実力を出しきった

その他の合格校

国際基督教大高（ICU）、
桐蔭学園、早稲田大学本庄

Q&A

1日の勉強時間は？
「平日は塾以外に４時間くらい。休日は朝８時半ごろから夜22時までやっていました」

得意科目は？
「英語」

苦手科目は？
「国語」

苦手科目の勉強方法は？
「とにかく知識をつけようと、慣用句・ことわざ・漢字など知識問題を固めました。また、読み慣れるために、1日にいくつか古文の文章を読むということもしていました」

塾に入ったのはいつ？
「中1から。志望校選択もそのころから始めていました」

どこで勉強してた？
「おもにリビングですが、過去問などは静かなところで集中してやりたかったので、自分の部屋でやっていました」

夏休みの勉強、どうしてた？
「夏休み中は、新しいものをやるというよりも中1・中2でやってきたことの復習にあてていました」

モチベーションを保つコツは？
「もし不合格だったときに、『あのときもっと勉強していたらきっと受かったのに…』という言い訳をしたくなかったので、つねにそのことを意識して、気持ちを強く持ち続けるようにしていました」

模試の志望校判定はどうだった？
「駿台模試では、いつも『努力圏』でしたが、自分のなかで成績があがっているという手応えがあったので、不安にはなりませんでした」

生徒会と部活と勉強 忙しく充実した毎日

本格的に慶應女子を第1志望に決めたのは中3の10月です。大学受験にとらわれず、自分の好きな勉強ができることに魅力を感じました。

生徒会長を務めていたので、引退する中3の10月までは毎日生徒会がありました。また、部活はバドミントン部でした。放課後は生徒会のあとに部活に参加し、終わったら走って塾に行くという日々が引退まで続きました。部活の引退は夏休み前で、それからは起きている時間は勉強にあてるという感じでしたね。平日は22時くらいまで塾の自習室で勉強し、帰ってからも1～2時間勉強し、10月ごろからは、毎朝6時に起きて朝にも1～2時間勉強しました。朝の勉強では、おもに過去問に取り組んでいました。

スランプを乗り越え 試験本番は楽しめた

学校のない日は、朝8時半～夜22時までずっと塾の自習室で勉強していました。受験勉強にさらに火がついたなと思うのは夏休みにあった塾の夏合宿に参加してからで、先生も生徒も熱くて、「私も負けられない！」と感じて頑張りました。

ところが、9月ごろにスランプになってしまいました。「あんなに勉強したのになんでできないんだろう」と落ち込みましたが、これまでやってきた勉強のスタイルを変えたくなかったので、自分を信じて、「大丈夫、大丈夫」と言い聞かせながら勉強していたら、いつの間にかスランプからは抜け出していました。

試験当日は、一生に一度しかない高校受験なので、「せっかくだから楽しんじゃおう！」という感じで明るくいきました。あまり緊張はしなかったので、90％くらいまで自分の実力は出しきれたと思います。

合格を知ったときは、「これで応援してくれた人に恩返しができる」と感じましたし、自分の合格を色々な方が喜んでくれることが嬉しかったです。高校では、英検など自分の興味のあることにどんどんチャレンジしたいと思います。

直前期には不安になることもあると思いますが、自分の力と支えてくれる家族・先生・友人を信じて、自信を持って勉強を進めてください。

その他の合格校

お茶の水女子大学附属、
桐蔭学園、豊島岡女子学園

Q&A

1日の勉強時間は?

「平日は塾の授業にプラスして自宅で1時間弱するくらいで、家でそんなに勉強していたわけではありませんでした。でも、中3になってからは、土日は寝るときとご飯のとき以外、ほぼ1日中勉強していました」

得意科目・苦手科目は?

「飛び抜けてできない科目があるわけでも、できる科目があるわけでもありませんでした。しいていうならば、模試を受けると数学が足を引っぱっているなという感じはしていました」

入試当日、お守りは持っていった?

「学校の友だちのなかに、先に推薦で高校の合格が決まっていた子がいて、その子が作ってくれた手作りのお守りを持っていきました。それと、修学旅行で自分で買ったお守りを1つ、家族が買ってきてくれたお守りを2つ持っていったので、合計4つのお守りを持っていったことになります」

友だちからなにか影響を受けた?

「友だちがすごく頑張っているのを近くで見て、自分も頑張らなきゃなと思っていました。塾に入ったことで新しい友だちもできましたね」

生活面で気をつけていたことは?

「風邪をひかないようにマスクをして、うがい・手洗いをちゃんとしていました。あとは夜寝るのが遅くなりすぎないように気をつけていました」

過去問の点数が
悪くてもめげずに
頑張ったかいがありました!

浅川《あさかわ》 湖都《こと》さん

東京都立日比谷高等学校 進学

試験当日の思わぬ緊張に焦りつつも最後まで諦めなかった

塾と部活動の両立を工夫していた

中2の6月に塾に入ったときから日比谷を意識していましたが、最終的に第1志望に決めたのは説明会や文化祭に行ったあとです。とくに文化祭はすごく楽しそうで、日比谷に入ったら勉強はもちろん、行事なども全力で取り組めて充実した高校生活が送れそうだと思いました。

部活動はテニス部で、中3の6月に引退するまで塾の勉強とうまく両立させようと頑張っていました。塾に遅れないように部活動も少し早めに切りあげたり、学校の定期試験前も塾を休まなくていいように2週間前から計画的に勉強していました。

過去問を解いても最後まで合格点に達しなかったので不安はありましたが、日比谷に行きたい気持ちが強かったので勉強が嫌になることはなかったし、合格は厳しいと感じていたからこそ最後までできることを精一杯頑張ろうという思いでした。

緊張で日比谷の試験当日はもうダメだと思った

そんな前向きな気持ちでいたはずなのに、日比谷の試験当日はとても緊張してしまい焦りました。試験が始まれば気持ちもほぐれるかと思いましたが、1教科目の国語から難しくてもうダメだという気持ちになりました。ダメな気持ちを次の科目に引きずらないように頑張って切り替えようとしてもなかなかできず、国・数・英の午前中の3科目が終わったあとは呆然としてしまいました。でも、お昼ご飯を挟んだことで少しふっきれたのか、「あとは理・社の2科目だけだからやってきたことを出しきれるよう頑張ろう」と思えました。

全教科終わったときの手応えもまったくなくて落ちたと思っていたので、日比谷の合格がわかったときはすごくびっくりして何度も確かめました。本当に嬉しかったです。

受験勉強を振り返ると、もっと1つひとつのテストの復習をちゃんとして、できなかった問題をできるようにしていればよかったと思います。「ここはこれくらいで大丈夫かな」とちゃんと復習をせず妥協してしまうことがあったので、みなさんは最後まで妥協することなく1つひとつの問題に全力で取り組んで志望校合格に向けて努力を続けてください。

東大手帖 ～東大生の楽しい毎日～

現役東大生が東大での日々と受験に役立つ勉強のコツをお伝えします。

春は出会いの季節 人との出会いを大切にしよう

Vol.02

text by 一(イチ)

新しく中学生になったみなさん、学校には慣れましたか？　新2・3年生のみなさん、新しいクラスはどうですか？　新入生とは仲よくしていますか？

桜もついに咲き始め、東大にも若々しい新入生がいっぱい入ってきました。ぼくはこの4月から大学4年生になったので、来年の春には社会人になります。今年が学生最後の年で、「ついに来年から社会に出て働けるんだ」という楽しみな気持ちもあるけれど、新入生を見ると「もう少し学生でいたいな」とうらやましくも感じます。

ぼくがこの季節に思い出すのは、大学1年生の入学式での出来事です。クラスも決まり、「いよいよぼくも東大生だ！」とワクワクして会場に足を運んだものの、京都の高校出身のぼくには、東大に知り合いなんて1人もいませんでした。周りは一面、見知らぬ顔、顔、顔。人見知りでコチコチになっていたところ、ぼくと同じくらいかたい顔をしていた隣の席の女の子が声をかけてくれました。「はじめまして、こんにちは」と。

その子もぼくと同じく地方出身で、東大にまだ友だちがいないんだそう。きっと勇気を出して声をかけてくれたに違いありません。その子のおかげで周りにいたほかの人とも会話の輪が広がり、どのサークルに入ろうかという話、入学式のあとの健康診断の話などで盛りあがり、さみしかったぼくに東京で初めての友だちができました。そのときにできた友だちとは大学4年生のいまも仲よくしています。あのとき勇気を出して声をかけてくれたあの子には、本当にありがとうという気持ちです。

新1年生のみなさん、出会ったばかりのクラスメイトや先生、先輩はどうですか？　新しく中学校に入学して、部活動はどうしようかということもそろそろ考え始めている時期でしょうか。小学校のころとは違い、5教科を別の先生が担当するというのも驚きかもしれません。大学1年生のときのぼくと同じく、君の周りは見知らぬ顔、顔、顔で、これまでとは違う新しい環境にワクワクしつつも「いい友だちができるかな」「こわい先生や先輩だといやだな」なんて心配していることでしょう。4月から2・3年生になったみなさんも、クラスが変わったり、新しく塾に入ったりした人は、このように不安に感じることがあるんじゃないでしょうか。

そんな新しい生活を始めたみなさんに向けて、ここで1つアドバイスをしようと思います。新しい環境、周りに知らない人ばかりで心細い、それはきっとあなただけではなくみんな同じ気持ちです。アルバイトで塾の先生をしているぼくだって、「新しい生徒さんは真面目かな」「ちゃんと授業を聞いてくれるかな」と思っています。

春は出会いの季節。いまこそ友だちをたくさん作るチャンスです。「声をかけるのが恥ずかしい」と殻にこもっているのも、「仲のいい友だちがいるから大丈夫」と新しい友だちを作らないのももったいない。ふとした出会いによって、それから何年も仲よく遊んだりする友だちや、恋人ができるかもしれません。

新しい教室で君の隣に座っている人はどんな顔をしていますか。ムスッとしているように見えても、ほかの知り合いと楽しそうにしゃべっていても、もしかすると「こんにちは、はじめまして」と君が声をかけてくれるのを、心のなかで待っているかもしれません。新しい1年を、どうか楽しんでくださいね。

＼読んでみよう／

&オススメ本

その学校独自のさまざまな魅力があります。そんな魅力的な高校の図書館を見てみましょう。また、それぞれの学校の司書の先生や国語科の先生に、中学生におすすめしたい本を紹介してもらいました。ぜひ読んでみてください。

中央大学附属高等学校

所在地：東京都小金井市貫井北町3-22-1
アクセス：JR中央線「武蔵小金井駅」徒歩18分、バス6分
ＴＥＬ：042-381-5413
ＵＲＬ：http://www.hs.chuo-u.ac.jp/chuf/

「まちの図書館クラス」の規模を誇る

独立棟３階建ての本館と、校舎内に２教室ぶんの広さがある分館の２つの図書館があるのが大きな特徴です。中大附属高生が普段使用する本館は６ｍの吹き抜けがあり、開放的な作りになっています。２階には３クラスが同時に授業を行えるスペースも。

現在、蔵書は16万冊、新聞・雑誌が約100種類、視聴覚資料約1600タイトルと、学校図書館としてはまれにみる規模を誇ります。高３の卒業論文執筆をはじめ、館内で行われる授業は年間1000時間。調べたい事柄のキーワードから本を検索できるシステムも自慢の１つです。

先生のオススメ

『砂糖の世界史』

川北稔
岩波書店
820円＋税

砂糖から世界の動きを学ぶ

国語科教諭
長谷川 達哉先生

「『砂糖の世界史』は、世界商品としての砂糖にスポットをあて、砂糖をめぐってヨーロッパ諸国がどのような動きを示し、それによって世界の歴史がどのように展開していったのかを解明していく本です。歴史を知ること・学ぶことのおもしろさを教えてくれる１冊です。」

立教新座高等学校

先生のオススメ

『茨木のり子詩集 落ちこぼれ（詩と歩こう）』

茨木のり子（詩）
水内喜久雄（選・著）
はたこうしろう（絵）
理論社 1400円＋税

迷ったり、悩んだりしたときに

司書教諭
安永 貴美子先生

「茨木のり子さんの選詩集です。『自分の感受性くらい』『倚《よ》りかからず』『汲む』など全33編が収録されています。優しさのなかに凛としたたたずまいが感じられる詩の数々がストレートに心に響きます。茨木のり子さんの『詩のこころを読む』（岩波ジュニア新書）もおすすめです。」

知的好奇心に応える豊富な資料

２階建て独立棟の１階部分にある立教新座の図書館。蔵書は15万5000冊にものぼり、雑誌も65種類そろっています。さらにDVD・ビデオが約3500本、CDが約3300枚と視聴覚資料も豊富で、知的好奇心に応える学習・情報センターとして、毎日600人に及ぶ生徒が利用しています。

また、この図書館を生徒が十分に活用できるよう、入学直後に基本的な利用方法やコンピューターによる検索方法を身につけるための図書館ガイダンスも行っています。専門の職員も常駐し、さまざまな疑問に答えられる体制も整っています。

所在地：埼玉県新座市北野1-2-25
アクセス：東武東上線「志木駅」徒歩12分
JR武蔵野線「新座駅」徒歩25分
ＴＥＬ：048-471-2323
ＵＲＬ：https://niiza.rikkyo.ac.jp/

＼のぞいてみよう／

高校図書館

みなさんはどんなときに図書館に行きますか？　図書館には、色々な利用の仕方があります。高校生の先輩たちも、本を借りるだけでなく、調べものをしたり、自習をしたりと有効に図書館を使っているようです。高校の図書館には、

神奈川県立湘南高等学校

所在地：神奈川県藤沢市鵠沼神明5-6-10
アクセス：小田急線「藤沢本町駅」徒歩７分
JR東海道線「藤沢駅」徒歩20分
TEL：0466-26-4151
URL：http://www.shonan-h.pen-kanagawa.ed.jp/

5万冊以上の豊富な蔵書量

神奈川県立湘南高校図書館の蔵書冊数は2013年３月31日現在で５万6511冊です。神奈川県立高校図書館の平均蔵書冊数が２万3803冊ですので、平均よりも倍以上の蔵書があることがわかります。

また、神奈川県では、２つの県立図書館と県立高校が連携協力し、県立図書館の資料の学校図書館への貸出、学校図書館へのレファレンスサービス、web上での貸出依頼など、さまざまな事業を行っています。充実した蔵書に加え、利用サービスも進化している湘南高の図書館が生徒の勉強や知的活動をサポートします。

先生のオススメ

『お任せ！数学屋さん』

向井湘吾
ポプラ社
1500円＋税

数学が楽しくなる青春小説

学校司書
笠川 昭治先生

「本校の卒業生が、昨年作家デビュー！数学が苦手な中学生・遥のクラスに不思議な転校生・宙がやってきた。宙は数学でどんな悩みも解決する『数学屋』をクラスで開店。巻き込まれた遥と２人、数学で華麗に難問を解決していくが…。数学が楽しくなる青春小説です。」

明治大学付属明治高等学校

先生のオススメ

『Nate the Great』

Marjorie Weinman Sharmat
Yearling
605円＋税

楽しくて読みやすい洋書

司書教諭
江竜 珠緒先生

「好物はパンケーキ、出かけるときには必ずお母さんへの手紙を残すかわいらしさと、ハードボイルドな口調のミスマッチがなんともすてきな少年探偵。読みやすい英語と、かっこいい文体、しっかりしたミステリという三拍子で、本校中学生に大人気の洋書です。」

明大系列校らしい蔵書が特色

明大明治の図書館は、開放感ある高い天井と、木材を使った温かみある雰囲気が魅力です。蔵書は和書約５万冊、洋書約5000冊。新聞10紙・雑誌は約60タイトルあります。洋書は絵本や物語以外に、伝記・地理・科学などの本もそろえられています。明治大学に進学する生徒が多いことから、法律、商業、経営に関する蔵書が充実しています。また、明治大学各学部の大学教員からの推薦図書や各学部のシラバスに掲載された図書などを収集したコーナーもあります。授業で図書館を使うことも多く、毎日多くの生徒が利用しています。

所在地：東京都調布市富士見町4-23-25
アクセス：京王線「調布駅」・「飛田給駅」、JR線「三鷹駅」・「矢野口駅」スクールバス
TEL：042-444-9100
URL：hhttp://www.meiji.ac.jp/ko_chu/

本郷高等学校

新図書室でさらに施設が充実

2014年（平成26年）4月から新図書室の利用が始まりました。新図書室は広々としたスペースに閲覧席や書棚が並び、地下に書庫も新設され、さらに充実した施設となりました。日当たりがよく、広いグラウンドが一望できる大きな窓も備えつけられています。

蔵書のすべてがデータベース化されているので、図書の検索も簡単です。調べものをするときは、司書教諭の先生に相談すれば、情報や資料の検索の仕方を丁寧に教えてくれます。そんな面倒見のよさも魅力の１つです。

所 在 地：東京都豊島区駒込4-11-1
アクセス：JR山手線・都営三田線「巣鴨駅」徒歩３分、JR山手線・地下鉄南北線「駒込駅」徒歩７分
Ｔ Ｅ Ｌ：03-3917-1456
Ｕ Ｒ Ｌ：http://www.hongo.ed.jp/

先生のオススメ

『きみの友だち』

重松清
新潮社
630円＋税

温かい気持ちになれる作品

司書教諭
上村 謙先生

「重松清氏の作品は、子どもや若者が主人公として書かれていることが多いので、中学生にとっては感情移入しやすく読みやすいと思います。読んだあとは『色々あるけど、やっぱ人生っていいもんだし、生きるに値するものだよな』と感じることができます。」

昭和学院秀英高等学校

快適な空間で読書と自習に励む

昭和学院秀英の図書館は、校舎とは別に独立した２階建ての施設で、約５万冊の蔵書が収められています。

１階にはソファが置かれ、２階には授業にも使用することができる約100人ぶんの座席が備えられています。２階は、天窓から自然光を採り入れた明るく快適なスペースになっています。

昼休みや放課後には、ソファでゆっくりと読書をする生徒、２階の座席で自習に励む生徒の姿が多く見られ、それぞれが図書館を有効に利用しています。

所 在 地：千葉県千葉市美浜区若葉1-2
アクセス：JR京葉線「海浜幕張駅」徒歩10分、JR総武線「幕張駅」・京成線「京成幕張駅」徒歩15分
Ｔ Ｅ Ｌ：043-272-2481
Ｕ Ｒ Ｌ：http://www.showa-shuei.ed.jp/

先生のオススメ

『オシムの言葉 フィールドの向こうに人生が見える』

木村元彦
集英社
619円＋税

スポーツを入口に楽しく読書

国語科
中山 美恵子先生

「元サッカー日本代表チームの監督であるイビチャ・オシム氏。彼の波乱の人生とサッカーへの情熱を、厳しくもユーモラスな『オシム語録』とともに書いている１冊です。社会の問題や生きることについて深く考えるきっかけになるでしょう。読書が苦手な生徒にも人気の本です。」

山手学院高等学校

窓から見える風景が魅力

2010年（平成22年）に現在の場所に移転したばかりの新しい山手学院の図書館は、天井が高く明るい造りになっています。高さ６mの大きな窓からの眺めはすばらしく、鎌倉の山々が見せる四季折々の風景を楽しむことができるため、窓側の席に好んで座る生徒も多くいます。またそれもが使える図書館をめざして、学習に役立つ資料のほか、原書、英字新聞、ＣＤ、映画ＤＶＤなど視野を広げるための資料も充実しており、資料の相談やおすすめの本の紹介など、さまざまな要望に応えてくれる専任の司書教諭も常駐しています。

所 在 地：神奈川県横浜市栄区上郷町460
アクセス：JR根岸線「港南台駅」徒歩12分
Ｔ Ｅ Ｌ：045-891-2111
Ｕ Ｒ Ｌ：http://www.yamate-gakuin.ac.jp/

先生のオススメ

『いま生きているという冒険』

石川直樹
イースト・プレス
1400円＋税

自分の居場所の大切さがわかる

司書教諭
富田 直子先生

「全生徒が参加する本校のホームステイ語学研修をきっかけに、幅広いジャンルで活躍する国際人をめざす生徒は少なくありません。『いま自分がいる場所』を大切にし、冒険家・石川直樹さんならではの視点で異文化とのふれあいを語るこの１冊は、そうした生徒にピッタリです。」

SCHOOL EXPRESS

お茶の水女子大学附属高等学校

OCHANOMIZU UNIVERSITY SENIOR HIGH SCHOOL

東京都　文京区　女子校

これからの社会で力を発揮できる 社会に有為な女性リーダーを育てる

お茶の水女子大学附属高等学校は、国立大学附属高のなかで唯一の女子校として、充実した高大連携プログラムを用意しています。生徒たちは学校が掲げる自主・自律の精神を学びながら、1人ひとりがさまざまな場面で個性を発揮し、個々の能力を開花させています。

石井《いしい》　朋子《ともこ》 副校長先生

開校132年を迎えた国立大附属の女子校

1875年（明治8年）にお茶の水女子大学の前身である東京女子師範学校が設立され、1882年（明治15年）には附属高等女学校が設置されました。この学校が現在のお茶の水女子大学附属高等学校（以下、お茶大附属高）です。

お茶大附属高の基本方針は「お茶の水女子大学に附属した高等学校であることの特色を生かし、社会に有為な教養高い女子の育成に努める」で、教育目標には次の3つを掲げています。

①基礎・基本を重視し、広い視野と

確かな見方・考え方を持つ生徒を育てる
②自主・自律の精神を備え、他者と協働していくことのできる生徒を育てる
③社会に有為な教養高い女性を目指し、真摯に努力する生徒を育てる

こうした教育目標について石井朋子副校長先生は「色々な場面において自分できちんと考えて判断をし、行動できる生徒を育てるために、2つ目の教育目標のなかにある『自主・自律』という言葉をとくに大事にしています。

また、3つ目の教育目標にある『有為』という言葉の解釈は人それぞれあると思いますが、職場のなかでも家庭のなかでも、自分がここだと思ったところで、居場所を見つけてしっかり生きていってほしいと考えています」と話されました。

教養教育をめざす教育課程

お茶大附属高では1年次から中入生と高入生がいっしょのクラス編成になります。

「多種多様なタイプの生徒がクラスに混じるよう、附属の幼稚園、小学校、中学校、それぞれから入学した生徒と、高校から入学した生徒とが均等になるようにクラスを編成しています。下からあがってくる生徒、高校から入ってくる生徒、それぞれのよさがありますので、お互いに刺激しあうという環境を大切にしています。」（石井副校長先生）

さらに、教養教育をめざし、文理を問わず幅広い分野を学ぶことも重要視されているため、1・2年次のカリキュラムは芸術科目を除いて共通履修です。3年次は自分の興味関心や進路方向に合わせて履修するため、必修科目は少なく、選択科目が多く用意されています。

石井副校長先生は「幅広く学ぶことが将来役に立つという確信を持っているので、生徒たちにも大学受験だけを目的とするのではなく、その先の長い人生のことも考えて、幅広い分野の基礎や教養を学んでほしいと思っています。

また、1学年120名という生徒数から、教員全員が生徒全員の面倒を見るということが当たり前になっているので、1人ひとりにきめ細かな指導が可能となっています」と話されます。

こうした教養教育を大切にするお茶大附属高では一般の授業以外にも色々な取り組みが行われています。

英語では、授業で扱う教材のほかに、自習用のリスニング教材が入学時に配られます。その教材を各自が自分のペースに合わせて進めていくのに加え、英語の原書を読み進めるリーディングマラソンも奨励されています。図書館にはリーディングマラソン用の洋書が豊富に用意されています。リスニングと読んだ本の記録は報告書としてあとから提出します。

夏休みには、3年生向けに受験対策の講習や補習が実施されています。こうした講習は、教員と生徒が相談しながら日程や講座を決定するため、生徒の希望が反映された講座作りとなっています。

そのほか、チューター制度も導入されており、定期試験の1週間前に

校舎

1935年（昭和10年）に竣工された歴史を感じる校舎です。コンピュータ室やLL教室には最新の設備を導入するとともに、耐震補強工事も実施し安全面への配慮も万全です。

ダンスコンクール

輝鏡祭

体育祭

文化祭

体育祭、文化祭、ダンスコンクールの3つを合わせて輝《き》鏡《きょう》祭と呼びます。2013年度の統一テーマは「Vitalitea」でした。なかでもダンスコンクールは、曲目の決定、振り付け、衣装制作などすべてを生徒自身で行う総合芸術のコンクールで、お茶大附属高で最も古くから開催されている伝統ある行事です。

なると、お茶大附属高を卒業したOGたちが、家庭教師のような形で在校生の質問に応じています。定期試験の勉強の中身について質問するだけではなく、大学の生活のことや進路のことなども相談することができるので、生徒たちに好評です。

お茶の水女子大との高大連携プログラム

お茶の水女子大と連携した特別教育プログラムも大きな魅力です。

そのプログラムの1つに、1　2年生向けに国・数・英の3教科で行われる学校設定科目の「教養基礎」の授業があります。この「教養基礎」の授業は、高校と大学の先生が共同でカリキュラムを開発するもので、大学の先生による講義も国・数・英で年間15回程度行われています。

「大学の先生の講義を聞いて感じたことをレポートにまとめたり、数学で出題された課題の解法を各自が色々な角度から考え出したりと、課題に対して各自の考えをまとめて発表するという形式を多くとっているのが『教養基礎』の特色です。『教養基礎』の授業だけでなく、理科や社会の普段の授業でもこうした形式が取り入れられているため、本校の卒業生は大学でのレポート作成も難なくこなすことができると聞いています。」（石井副校長先生）

お茶の水女子大への特別推薦制度があるのも特徴です。推薦枠で大学へ進学するには特別入試を受ける必要があり、その受験には「選択基礎」の履修が必須となります。「選択基礎」の履修できるのは毎年大体10名程度で、自分の進学したい学部・学科をあらかじめ決定し、その学部・学科で行われている専門分野の基礎教育を個別で受けることができる授業となっています。

また、附属高校生向けの「公開授業」も実施されています。お茶の水女子大の1・2年生向けの講義を、お茶大附属高2・3年生の希望者が受けることができます。高校の単位にはなりませんが、お茶の水女子大に進学した場合は大学の単位として認められます。

これらの取り組みに加えて、大学の教員でもある村田容常校長先生との個人面談、大学の研究室を訪問して専門的な話を聞く「キャリアガイダンス」など、お茶大附属高ならではのプログラムが行われています。

さらに、2012年度（平成24年度）からは東京工大と連携し、東京工大の先生が1・2年生向けの講演を行う「ウィンターレクチャー」や、

部活動

中国武術部

合唱部

茶道部

バドミントン部

中国武術部や大自然科学部などの珍しい部活もあり、運動系、文化系問わずさまざまな部活動が盛んに活動しています。

バスケットボール部

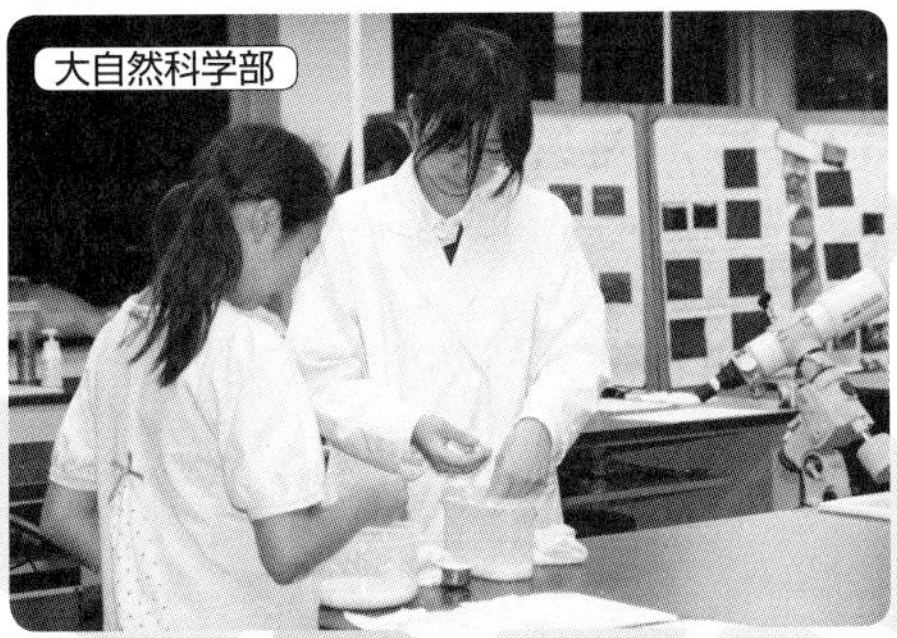
大自然科学部

陸上競技部

農場実習

農場実習では植えつけから収穫までを行います。サツマイモやジャガイモのほか、ダイイコンやブロッコリーも育てています。

東京工大の先生や東京工大附属の生徒とともに2泊3日の合宿を行う「サマーチャレンジ」、それに続く特別入試などのプログラムも実施されています。

充実した高校生活を送ることができる環境

進路指導は3年間を見通して、生徒1人ひとりに対応しながら計画的に進められており、さまざまな立場の先輩の話を聞ける機会も用意されています。

「社会人として活躍している先輩にどんな仕事をしているのか聞いたり、大学生の先輩に受験勉強や大学生活についての話を聞いています。さらに、お茶の水女子大から受け入れている教育実習生にも、自分の受験勉強やお茶の水女子大での勉強や生活について話をしてもらっています。」（石井副校長先生）

お茶の水女子大と同じ敷地内にあり、大学の施設も利用できるという恵まれた教育環境のなかで、生徒は学業だけではなく学校行事や部活動にも積極的に取り組んでいます。

石井副校長先生は「とても自由な校風を維持する本校では、大学の施設や資源を活用できるということも含めて、幅広い学習や興味関心に応えられるように、さまざまな機会を用意しています。自分を積極的に高めていこうとする生徒さんには、とてもよい環境が整っていると思いますので、ぜひそのような生徒さんに来ていただきたいです」と話されました。

School Data

所在地　東京都文京区大塚2-1-1
アクセス　地下鉄丸ノ内線「茗荷谷駅」徒歩6分、地下鉄有楽町線「護国寺駅」徒歩13分
生徒数　女子のみ360名
TEL　03-5978-5855
URL　http://www.fk.ocha.ac.jp/

3学期制　週5日制
7時限　45分授業　1学年3クラス
1クラス40名

2013年度(平成25年度)大学合格実績　(　)内は既卒

大学名	合格者	大学名	合格者
国公立大学		私立大学	
筑波大	3(0)	早大	37(13)
千葉大	6(4)	慶應大	32(7)
お茶の水女子大	12(2)	上智大	17(2)
東京大	5(1)	東京理科大	14(4)
東京医科歯科大	1(0)	青山学院大	11(3)
東京外大	3(0)	中大	10(4)
東京学芸大	1(0)	法政大	8(4)
東京工大	3(0)	明大	16(8)
一橋大	2(0)	立教大	23(9)
横浜国立大	2(1)	学習院大	9(0)
京都大	0(2)	国際基督教大	4(0)
大阪大	1(0)	北里大	6(1)
その他国公立大	11(9)	その他私立大	103(41)
国公立大合計	52(19)	私立大合計	290(96)

狭山ヶ丘《さやまがおか》高等学校

School Data

所在地
埼玉県入間市下藤沢981
生徒数
男子581名、女子432名
TEL
04-2962-3844
アクセス
西武池袋線「武蔵藤沢駅」徒歩13分、西武新宿線「狭山市駅」、「入曽駅」、JR八高線「箱根ヶ崎駅」、JR埼京線・東武東上線「川越駅」スクールバス
URL
http://www.sayamagaoka-h.ed.jp/

自分自身と向き合う力を養う

狭山ヶ丘高等学校（以下、狭山ヶ丘は校訓「事にあたって意義を感ぜよ」のもと、黙想、茶道、対話の3つを柱とした自己観察教育を実践しながら、豊かな人間性と確かな学力を兼ね備えた生徒を育成しています。

狭山ヶ丘ならではの自己観察教育

狭山ヶ丘の自己観察教育の1つに「内省を育む黙想教育」があります。これは朝や帰りのHRの時間に、自分で決めたテーマに沿って黙想を行う教育で、1日を振り返って反省をする者、将来のことについて考える者など、黙想のテーマは人それぞれです。黙想を3年間継続することで、集中力が身につき、自分自身と向き合える人間へと成長していきます。

自己観察教育の2つ目の柱は「心身の動と静を育む茶道教育」です。校内にある和室「悠久庵」で3年生は毎週茶道の授業を受け、豊かな心を育んでいます。1年間の授業を終えると、授業を受けた3年生全員が裏千家茶道初級許状を得ることができます。

さらに、「コミュニケーションと対話教育」も重要視されており、クラスや部活動などさまざまな場所であいさつや会話が生まれています。このような対話教育を通して培った高いコミュニケーション能力は、高校卒業後の大学や社会でも役立てることができます。

生徒の意欲をあと押しする学習環境

狭山ヶ丘では、確かな学力を養うため、そして、1人ひとりが希望進路に合わせて選択できるようにと、最難関国立大学進学コース（Ⅰ類）、特別進学コース（Ⅱ類）、総合進学コース（Ⅲ類）、の3つのコースを用意しています。

19時まで開放している一般自習室と、21時まで開放している特別自習室は、それぞれ自習する生徒でにぎわっています。どちらの自習室にも常時教員が待機しているため、その場で疑問を解決できます。また、自習室の閉室後までスクールバスが運行しているため、安心して遅くまで自習に励むことができます。

さらに、毎日始業前と放課後には、各教科ごとに問題演習などを行う朝ゼミと放課後ゼミが開講されています。朝ゼミ、放課後ゼミともに自由参加ですが、多くの意識の高い生徒が参加しています。

生徒の熱意をサポートするため、こうしたシステムを整えている狭山ヶ丘高等学校。新たに付属中学校も併設され、また、新体育館が完成、新校舎も2015年（平成27年）3月に完成します。これからの飛躍にも期待が高まります。

江《え》戸《ど》川《がわ》女《じょ》子《し》高等学校

School Data

所在地
東京都江戸川区東小岩5-22-1

生徒数
女子のみ1000名

TEL
03-3659-1241

アクセス
JR総武線「小岩駅」徒歩10分、京成線「江戸川駅」徒歩15分、JR常磐線「金町駅」バス

URL
http://www.edojo.jp/

教養と細やかな情愛を身につけた女性へ

床や柱が大理石で作られたエントランスホール、ヨーロッパの中世のお城のような外観が印象的な校舎、日本の情緒が感じられる和室や日本庭園など、落ち着いた雰囲気に包まれている江戸川女子高等学校（以下、江戸川女子）。

「誠実・明朗・喜働」の3つを教育の柱として「教養ある堅実な女性」の育成をめざしています。

確かな学力を養う3つのコース

江戸川女子は、「普通科Ⅱ類」、「普通科Ⅲ類」、「英語科」の3コースを設置しています。

「普通科Ⅱ類」は難関私立大学への合格をめざします。受験科目である英語・数学と地歴または理科の3教科を中心にカリキュラムを編制しているので、大学入試に向けた効率的な学習が可能です。

国公立大学や医学部への合格を目標とする「普通科Ⅲ類」は、5教科7科目（医学部は8科目）を学び、大学入試センター試験に対応できる学力を身につけます。

普通科は、どちらのコースも高2で文系・理系に分かれます。

「英語科」は、高1・高2で週に9時間、高3は11時間と英語の授業が多く設定され、難関大学の文系学部進学をめざします。高2では、本場の英語や文化に触れるために、イギリスやアメリカで行う語学研修に全員が参加します。また、留年することなく1年間の留学が経験できるプログラムも用意されています。「英語科」では、受験はもちろん、実践力に優れた英語を習得することが可能です。

コース制で確かな学力を養い、放課後や長期休暇、入試直前に実施される講習でさらにレベルアップ。定期的な面接や実力テストで生徒の学力を把握しながら計画的に進路指導を実施していきます。

芸術に触れて豊かな感性を磨く

また、高1の学年末には「ベートーヴェン第九演奏会」が実施されます。昨年は第九発表会20回記念として、サントリーホールで行われました。高1生全員が学年後期の授業でベートーヴェンの第九を原語（ドイツ語）で教わり、暗記して歌えるまでになります。演奏は吹奏楽部と弦楽部が担当し、男声合唱には男性教員のほかに、生徒の父親たちのなかから希望者が参加していることから、別名「父娘の共演　ベートーヴェン第九」とも言われています。

生徒たちの達成感は、思い出として心に刻まれるとともに、高2からの学校生活のさまざまな部分によい影響を与えています。

神奈川県立

厚《あつ》木《ぎ》高等学校

共学校

田中《たなか》 均《ひとし》 校長先生

FOCUS ON 公立高校

切磋琢磨できる環境を整え 逞しく規律ある生徒を育てる

積極的な授業改善で質の高い充実した授業がつねに行える環境を作り、国公立大学や難関私立大学への合格実績を年々伸ばしている神奈川県立厚木高等学校。分野別に有名大学の教授陣の指導を受け、英語で成果発表会を行うなど、ＳＳＨへの特徴ある取り組みにも注目が集まっています。

創立112周年を迎える神奈川県下の伝統校

神奈川県立厚木高等学校（以下、厚木高）は1902年（明治35年）に、神奈川県第三中学校として神奈川県で3番目に開校されました。当初は男子校でしたが、1948年（昭和23年）の学制改革で男女共学化し、名称も現在の神奈川県立厚木高等学校となりました。

校章にデザインされている3つの剣は、「剛健」、「真剣」、「勤倹」を表し、それぞれに「逞《たくま》しく健やかであれ」、「学業、学校行事、部活動に真剣に取組め」、「労を惜しまず人の為に汗を流せ、倹約、節約を旨とせよ」という意味があります。これらを校訓として継承し、「質実剛健」を校風としています。

厚木高のめざす生徒像について、田中均校長先生は「本校では伝統的に『智・仁・勇』という三徳を大切にしてきました。つまり、『聡明であるだけでなく、人の思いが分かり、自分の思いを持って人と積極的に関わる勇気を持った生徒』の育成をめざしています。三徳は授業だけでなく、学校行事や部活動などの学校生活全体における切磋琢磨から生まれるので、本校では、時間をやりくりしながら精一杯『文武両道』に励んでいる生徒が多いですね。

卒業式では、3年間『文』、『武』の両面で最も頑張った卒業生1名に『茅賞《かやしょう》』という賞を授与するなど生徒のモチベーションを高める工夫もしています」と話されました。

改善に取り組み 質の高い授業を実現

授業改善を第一の目標に掲げる厚木高。教科ごとに授業について話しあう教科会や外部の方に授業を見学してもらう授業研究発表会、生徒の教員に対する授業評価など、生徒や外部の方を交えて授業改善を進めています。では、いったいどのような授業が行われているのでしょうか。

授業の目標として「発展的な内容を含む教材の精選」、「スピーディーな授業展開」、「思考力、判断力、表現力を育成する生徒の活動」の3つが掲げられています。

「この目標は、生徒ではなく教員の職務行動上の目標です。例えば高度な内容の授業において、教員がゆっくり話せば生徒は眠くなります。そうならないためには、テンポよくスピード感を持って授業を進めることが必要です。なかにはストップウォッチを使って授業を行う教員もおり、生徒は緊張感を持って授業に臨んでいます。

生徒の活動というのは、ペアワークやグループワークのことです。生徒同士でお互いの意見を評価することで、意見の多様さに気づき、また『あ、そうか』という自分の誤りに気づく瞬間も生まれます。その瞬間に学力は身につくのです。

つまり、正解ではなく、生徒の疑問や質問、そして誤答で組み立てていくのがよい授業だと本校では考えています。生徒が自分の意見を臆することなく表明できる環境作りも重要ですね。」(田中校長先生)

このような積極的な姿勢で、学力向上重点校にふさわしい達成感のある充実した授業を展開している厚木高。国公立大学や難関私立大学への合格実績を年々伸ばしています。

新入生宿泊オリエンテーション

高1の4月に行われる新入生宿泊オリエンテーション。厚木高の勉強に慣れ、仲間との親睦を深めることが目的です。

修学旅行

高2の修学旅行は、沖縄に行きます。環境学習をテーマに自然とふれあい、民泊をして現地の人と積極的に交流することを大切にしています。

生徒の可能性を広げるカリキュラムと指導体制

厚木高のカリキュラムは、生徒の可能性を広げるために、2年次まで共通履修で幅広く学びます。そして、希望の進路に合わせて3年次に文系・理系に分かれます。

社会は2年次終了までに日本史A・世界史A・地理Aを履修、理科は1年次に物理・化学・生物の基礎を学び、2年次に化学を必履修、物理・生物を選択履修としています。このように2年次までに国公立大学受験に必要な5教科7科目を学習できることが特徴です。

また、2学期制で授業時間を確保するとともに、後期の中間考査と期末考査の間が空いてしまうことを考慮して、英語と国語は授業内での小テスト、数学と理科は、プレ中間考査（10月）とプレ期末考査（1月）を実施し、学習内容の定着を図っています。

ほかにも、金曜日に週末課題として国語・数学・英語の3教科で発展的な課題を出し、高3の11月末～1月末までの期間を特別時間割として午前に通常授業、午後は受験対策の授業や講習を行うなど、生徒の学力向上をサポートする体制が整えられています。

進路進学指導については、2013年度（平成25年度）から進路指導用のマニュアルが作られました。進路支援グループの職員だけでなく、すべての担任が学力を分析できるソフトを使いこなし、生徒1人ひとりの学習状況を把握して、3年間で計画的に指導していきます。

戸陵祭　体育部門

体育部門は、各学年が4色に分かれて優勝をめざします。応援合戦では、ダンス担当と山車や看板を製作するマスコット担当に分かれ、それぞれの色の個性が発揮されます。

戸陵祭　文化部門

文化部門は、クラス展示や屋台、ステージでのダンス発表など、企画から準備・運営まで生徒が中心となって行われます。

SSHへの特徴ある取り組み

厚木高は2013年度（平成25年度）からSSH（スーパーサイエンスハイスクール）に指定されています。「文系、理系すべての生徒に科学的リテラシーを育成し、国際社会のリーダーとして持続可能な社会の創造、発展に貢献できる人材を育成する」ことをめざし、物理や生物などの分野別に東京大や東京工大の先生方の指導を受けながら、SSHの活動に取り組んでいます。

1年次の「情報」と2・3年次の「総合的な学習の時間」を学校設定科目「ヴェリタスⅠ、Ⅱ、Ⅲ」として設置しています。ヴェリタスはラテン語で真理を意味し、探究活動として位置づけられています。SSHの成果発表会は年4回実施され、高1・2による年度末の発表は質疑応答も含め英語で行われます。また、大学などと連携して、発展的な探究活動を展開するスーパーサイエンス研究室（SS研）の活動に参加することも可能です。

「本校では全学年・全生徒がSSHに取り組みます。ヴェリタスを通して仮説を伴う課題の設定方法や探究方法を身につけ、発表会を経験させることで、説明する力、質問に答える力なども鍛えられていきます。生徒は発表のために、昼休みなどの時間を使って主体的に課題に取り組んでいます。このような姿勢は、社会に出ても役に立つでしょう。」（田中校長先生）

　厚木高は2013年度（平成25年度）から入試で特色検査を実施しています。特色検査では「様々な情報を的確に把握する力」、「論理的思考力・判断力」、「表現力」が評価の観点になっています。この特色検査の内容は、教育課程と密接な関係にあり、SSHに取り組むための力もみています。

「私は教育者として生徒の可能性を信じることが教育の原点だと考えています。そのことを根幹にして、本校では全校をあげて授業改善に邁進《まいしん》しています。これからも、国際社会を勝ち抜くために必要な資質や能力を身につけることができる教育を展開していきます。

　本校を志望する生徒さんには、本校の教育課程をしっかりと理解して入試に臨んでいただきたいですね。」（田中校長先生）

SSH成果発表会

全員がSSHに取り組む厚木高では、年４回成果発表会が実施されています。高１・高２は年度末の発表を英語で行います。

授業風景

授業にはペアワークやグループワークが多く取り入れられ、生徒は楽しく学力を身につけていくことができます。

2013年度（平成25年度）大学合格実績（　）内は既卒

大学名	合格者	大学名	合格者
国公立大学		私立大学	
北海道大	2(0)	早大	101(13)
東北大	3(1)	慶應大	48(11)
筑波大	6(1)	上智大	56(13)
千葉大	4(3)	東京理科大	53(9)
お茶の水女子大	2(0)	青山学院大	72(11)
東京大	2(1)	中央大	78(18)
東京外大	4(0)	法政大	56(16)
東京学芸大	5(0)	明治大	112 (24)
東京工大	10(1)	立教大	51(7)
一橋大	2(0)	学習院大	15(3)
横浜国立大	20(3)	国際基督教大	4(1)
京都大	2(2)	津田塾大	1(0)
その他国公立大	49(14)	その他私立大	417(84)
計	111(26)	計	1064(210)

School Data

所在地	神奈川県厚木市戸室2-24-1
アクセス	小田急小田原線「本厚木駅」徒歩20分またはバス
TEL	046-221-4078
生徒数	男子570名、女子502名
URL	http://www.atsugi-h.pen-kanagawa.ed.jp/

✣２学期制　✣週５日制
✣65分授業
✣月曜～金曜５限（月曜は６限にLHRを設定）
✣１学年９クラス　✣１クラス40名

和田式 教育的指導

中3生がいますべきなのは本番まであと10カ月の受験計画を立てることです

新年度が始まりました。新たな気分で学校生活に臨んでいることでしょう。最高学年の中学3年生になったみなさんは、受験生としての自覚も生まれてきていますね。この時期に必要なのは、受験計画を立てることです。計画作成の重要性についてお話しします。

合格するために必要な受験計画とは

受験本番までの勉強計画、それが受験計画です。

合格を勝ち取るためには、受験計画をうまく立てる必要があります。最初に、受験計画とはなんなのかをお話しします。

まず、「受験勉強とはどんな勉強なのか」ということを考えてみましょう。入試問題を解くのに必要な学力をつける勉強ですね。もっと具体的に言うと、「いまの学力と志望校の合格者の最低点とを比べて、その差を埋めるための勉強」だということになります。

志望校の合格最低点を調べること、そして、自分の現在の学力を知り、その学力を合格最低点が取れるまでに引きあげるための勉強計画を立てること。

これが受験計画なのです。

志望校の過去問でいまの学力を確認

自分の現在の実力を知るには、志望校の過去問をやってみるのが一番です。公立高校と私立高校では、科目数や試験の内容が異なりますので、必ず志望校の過去問をやるようにしましょう。

過去問をやることにより、合格最低点との差もわかるし、「得意科目の勉強は進んでいるけれど、苦手科目は出遅れている」というように、具体的に自分の学力の現状を把握することができます。

Hideki Wada

和田秀樹

1960年大阪府生まれ。東京大学医学部卒、東京大学医学部附属病院精神神経科助手、アメリカのカールメニンガー精神医学校国際フェローを経て、現在は川崎幸病院精神科顧問、国際医療福祉大学大学院教授、緑鐵受験指導ゼミナール代表を務める。心理学を児童教育、受験教育に活用し、独自の理論と実践で知られる。著書には『和田式　勉強のやる気をつくる本』（学研教育出版）『中学生の正しい勉強法』（瀬谷出版）『難関校に合格する人の共通点』（共著、東京書籍）など多数。初監督作品の映画「受験のシンデレラ」がモナコ国際映画祭グランプリ受賞。

また、早い段階から入試の出題傾向を知ることもできます。

例えば、国立高校や私立高校は学校ごとに入試問題が異なりますので、それぞれに傾向があり、そこをしっかりつかんでおくことが求められるのです。

もし、「いままでずいぶん勉強してきて、学力がついてきていると思っていたのに、合格点には遠かった」ということがあっても、落ち込むよりも、逆にラッキーだと考えるようにしましょう。

いまから入試まで、10カ月あります。その間にどれだけ合格点に達することができるか、きちんと受験計画を立てて頑張ればいいのです。

志望校に合わせた自分流の対策を立てる

志望校の過去問をやってみれば、あとどれぐらい勉強しなければいけないかがわかってきます。

「数学は因数分解からしっかりやらなければいけない」、「英語は慣用句を覚え直そう」、「国語は同音異義語に弱点がある」など、自分なりの課題が出てくるはずです。社会や理科に関しても、「暗記ものがまだ不十分だ」、「基礎的な理解が足りない」といった課題が見つかるでしょう。

志望校に合わせて、自分がなにをやらなければならないかを具体的に把握し、計画を立てて実行する。こうした取り組み方は、大学受験のときにも役立ちます。いましっかりやっておくようにしましょう。

自分流に、受験計画を立てていくことが重要なのです。

和田先生のお悩み解決アドバイス!!

Question

もしかして五月病？やる気が出ません

Answer

目標を立てることでやる気をUPさせられる

一般的な五月病というのは、やることが見えなくなって起こる病です。よくあるパターンは、中学受験、高校受験、大学受験に受かってすぐにおちいるというケースです。受験まで気を張り詰めて勉強していたのに、受かったからその先の目標を見失ってしまったという状態です。

学生が勉強に対して無気力になる症状には「スチューデント・アパシー（学生無気力症）」というものもありますが、厳密な意味では五月病とは異なります。五月病の特色は、これまではやる気があったのに、あるときにガクンとやる気がなくなってしまうところにあります。

中学３年生の場合は、「今年から受験生だ！」と思って春先から４月にかけてかなり勉強を飛ばしすぎてしまい、５月ごろになって気が抜けてしまうというケースがあります。五月病は、目標を見失ったために起こることなので、今回お話ししたように、受験計画をきちんと立て、志望校という目標を強く意識するように心がけることが大切です。

世界の先端技術

search ハーフバイク

教えてマナビー先生！
今月のポイント

形は自転車には見えないけれど乗るのがすごく楽しい自転車だ。とても軽いから持ち運びも便利

立ち乗りの姿勢で運転するのでペダルをこぐのが楽。中央から飛び出た棒を傾けることによってカーブを描くことができる

自転車に乗るのは楽しいよね。

さて、みんなは自転車というとどんな形を思い出すだろう。今回紹介する「ハーフバイク」は、みんなが想像するものとはちょっとかけ離れている。だって、サドルもなければ、ハンドルもない。変な自転車なんだ。

でも、その動きを見たら、きっと君も乗ってみたくなるはずだ。

ハーフバイクのコンセプトは、自転車の機能をできるだけ単純にするとどうなるだろうか、自転車に基本的に求められているものはなんだろうか、ということを考えるところから始まったんだ。

みんなは、自転車に乗れるようになったときのことを覚えているかい。まずバランスを取ることを覚えて、それからだんだんうまくなっていったよね。うまくなっていくことがわかるから、その翌日もまた乗りたくなって、その繰り返しで、さらにうまく乗れるようになったのだと思う。そんな初めて自転車に乗り始めたときの、あの感激をいつでもまた味わうことのできる自転車をめざしてできあがったのが、このハーフバイクなんだ。

▶マナビー先生

日本の某大学院を卒業後海外で研究者として働いていたが、和食が恋しくなり帰国。しかし科学に関する本を読んでいると食事をすることすら忘れてしまうという、自他ともに認める“科学オタク”。

ハーフバイクは三輪車のような形をしている。ペダルに連動して回転する大きな前輪と小さな2つの後輪の三輪からできている。ハンドルがないから、方向を変えるにはハーフバイクの中央から前方に突き出した棒を持って、身体全体で自転車を傾ける。すると傾けた方向に曲がることができるんだ。このとき、前輪は傾くけれど3輪車になっている後ろの車輪は傾かないで安定を保っているから安全だ。傾け方の練習次第で方向を変えるだけでなく、まるで鳥が空を飛んでいるような動きまでできるようになる。

部品も少なく、単純な構造なので、とても軽くて持ち運ぶのも容易だ。乗りたいときに気軽に乗ることができて、使わないときは手軽に持ち運ぶことができる。

いままで誰も持っていない形なので、自慢もできるぞ。こんな自転車に乗って走っていれば人気者になることは間違いなし。自転車に乗り風を切って走るのが楽しいと思っている人なら、このバイクを一度は見てほしいな。自転車に乗るのとジョギングをするのをミックスした感覚を楽しむことができるよ。

※詳細はhttps://www.kickstarter.com/projects/774841427/halfbikeより。

※このページは33ページから読んでください。

もいるだろう。

$x^2-8x+15$
$=13^2-(8\times13)+15$
$=169-104+15$
$=80$

解答 80

まぁ、これでもかまわないのだけれど、別の解き方をする人もいるはずだ。

$x^2-8x+15$
$=(x-3)(x-5)$
$=(13-3)\times(13-5)$
$=10\times8$
$=80$

君はどっちの方が解きやすいかな？ 「前の方がいいなぁ」と思った人は、堅実なタイプでケアレスミスの少ない人だろう。

「あとの方がいいよ」と感じた人は、じつは数学のセンスの優れている人だ。高校へ進んでも数学で苦労することはないだろう。

そういう人は、ここまでの問題はいくら基礎とはいえ、カンタンすぎてつまらなかっただろう。そう不平を言いたくなる人のために、根号の少しだけ複雑な問題を示そう。

問M　$x=\sqrt{6}+2$, $y=\sqrt{6}-2$ のとき，x^2y+xy^2 の値を求めなさい。　(神奈川)

慎重な人は以下のように解くだろう。

x^2y+xy^2
$=(\sqrt{6}+2)^2\times(\sqrt{6}-2)+(\sqrt{6}+2)\times(\sqrt{6}-2)^2$
$=(6+4\sqrt{6}+4)\times(\sqrt{6}-2)+(\sqrt{6}+2)\times(6-4\sqrt{6}+4)$
$=(10+4\sqrt{6})\times(\sqrt{6}-2)+(\sqrt{6}+2)\times(10-4\sqrt{6})$
$=(10\sqrt{6}+24-20-8\sqrt{6})+(10\sqrt{6}+20-24-8\sqrt{6})$
$=(2\sqrt{6}+4)+(2\sqrt{6}-4)$
$=4\sqrt{6}$

解答 $4\sqrt{6}$

これでもかまわないのだが、少しだけ時間がかかる。数学のセンスのいい人は以下のように解くだろう。

x^2y+xy^2
$=xy(x+y)$
$=(\sqrt{6}+2)(\sqrt{6}-2)(\sqrt{6}+2+\sqrt{6}-2)$
$=(\sqrt{6}^2-2^2)\times2\sqrt{6}$
$=(6-4)\times2\sqrt{6}$
$=2\times2\sqrt{6}$
$=4\sqrt{6}$

この解き方だと、時間がずいぶんと短縮できるんだ。入試では、時間に余裕があるのは大いに宜しい、なんていちいち言わなくてもいいね。

つまり、x^2y+xy^2 を見た瞬間に、「あ、xy が共通しているぞ、因数分解できる!! $xy(x+y)$ だ」と気がつくようだと頼もしいのだ。

「なるほどなぁ～」と思う人は、問題集などで、類似問題（こういう、いったん式を変形すると解きやすい問題）を何題か、集中的に取り組んでみることだ。

数学はいい解き方を完璧に頭に入れておく（＝問題を見たらすぐに解き方が浮かぶようにしておく）と、得意科目中の得意科目にすることができるぞ。

編集部より
正尾佐先生へのご要望、ご質問はこちらまで！
FAX：03-5939-6014　e-mail：success15@g-ap.com
※高校受験指南書質問コーナー宛と明記してください。

※このページは33ページから読んでください。

解答 $6\sqrt{3}$

次は東京都の問Gだ。ルートの割り算が含まれているね。これもまず$\sqrt{27}$の中身を変え、それから$12 \div \sqrt{3}$を計算する。

$\sqrt{27} = \sqrt{9 \times 3} = \sqrt{3^2 \times 3} = 3\sqrt{3}$

さて、$12 \div \sqrt{3}$　はどうするか？

$\frac{12}{\sqrt{3}}$のように分母がルートの場合は、分母と分子に同じ数をかけるといい。

$$\frac{12}{\sqrt{3}} = \frac{12 \times \sqrt{3}}{\sqrt{3} \times \sqrt{3}} = \frac{12\sqrt{3}}{3} = 4\sqrt{3}$$

これで元の式が↓のようになる。

$\sqrt{27} - 12 \div \sqrt{3} = 3\sqrt{3} - 4\sqrt{3}$

もう答えはすぐに出せるよね。

$\sqrt{27} - 12 \div \sqrt{3}$
$= 3\sqrt{3} - 4\sqrt{3}$
$= -\sqrt{3}$

解答 $-\sqrt{3}$

最後は神奈川県の問Hだ。これもまず$\sqrt{45}$の中身を変えよう。

$\sqrt{45} = \sqrt{9 \times 5} = \sqrt{3^2 \times 5} = 3\sqrt{5}$

そして、残りを片づける。

$$\frac{30}{\sqrt{5}} = \frac{30 \times \sqrt{5}}{\sqrt{5} \times \sqrt{5}} = \frac{30\sqrt{5}}{5} = 6\sqrt{5}$$

これで元の式が↓のようになる。

$\sqrt{45} + \frac{30}{\sqrt{5}} = 3\sqrt{5} + 6\sqrt{5} = 9\sqrt{5}$

解答 $9\sqrt{5}$

根号に続いて、方程式の問題が出されている。

問I　方程式$0.2(x - 2) = x + 1.2$を解きなさい。（千葉）
問J　一次方程式$9x - 8 = 5(x + 4)$を解け。（東京）
問K　$(x - 1)^2 - (x + 2)(x - 8)$を計算しなさい。（神奈川）
問L　$x = 13$のとき，$x^2 - 8x + 15$の値を求めなさい。（埼玉）

千葉県の問Iを解こう。

$0.2(x - 2) = x + 1.2$
$0.2x - 0.4 = x + 1.2$
$0.2x - x = 1.2 + 0.4$
$-0.8x = 1.6$
$0.8x = -1.6$
$8x = -16$
$x = -2$

解答 $x = -2$

基礎中の基礎という問題だよ。さっさっさーと解けて当然だね。次は、東京都の問Jだ。

$9x - 8 = 5(x + 4)$
$9x - 8 = 5x + 20$
$9x - 5x = 20 + 8$
$4x = 28$
$x = 7$

解答 $x = 7$

次は問K、神奈川県だ。

$(x - 1)^2 - (x + 2)(x - 8)$
$= (x^2 - 2x + 1) - (x^2 - 6x - 16)$
$= x^2 - 2x + 1 - x^2 + 6x + 16$
$= 4x + 17$

解答 $4x = 17$

この問題で気をつけることは、うっかり$x = \frac{17}{4}$と答えてしまいがちなことだ。$(x - 1)^2 - (x + 2)(x - 8)$を計算するだけなのに、
勝手に$(x - 1)^2 - (x + 2)(x - 8) = 0$と誤解してしまう人がいる。

$(x - 1)^2 - (x + 2)(x - 8) = 0$ならば、$4x + 17 = 0$となるから、$x = 17 \div 4$というふうに計算が進むのは正しい。

けれども、「$= 0$」なんて問題のどこにもない。問題の数値をしっかりと見て、間違いの道へ突き進んでしまわないようにしよう。

最後は埼玉県の問Lだ。これを以下のように解く人

教育評論家　正尾 佐の

高校受験指南書

【八拾九の巻】

今年出た基礎的な問題

数学

「基礎力がしっかりついていなければ、どんなに勉強しても効果はない！」とか「基礎問題を疎かにしていたため、応用問題もなかなか解けない」とか、「とにかく基礎は大事だ」という話は、耳タコだろう。

というわけで、今号からは「今年出た基礎的な問題」シリーズを開始する。まず、数学だ。今年、首都圏1都3県の公立高校入試で出題された平易な問題を以下に並べるので、さぁーっと解いてみよう。

どの都県の入試問題も、第1問は易しい計算問題が順に並んでいる。

問A　$-3+11$　を計算しなさい。（神奈川）
問B　$8-(-13)$　を計算しなさい。（千葉）
問C　$-6^2+4\times 7$　を計算せよ。（東京）
問D　$9a-5a$ を計算しなさい。（埼玉）

「やっさしー、易しすぎて、なんかバカにされてる感じ」と思う人もいるかもしれないね。でも、受験する人たちの力を低く見ているわけではないだろう。おそらく、最初は平易な問題を解くことで、緊張している受験者の気持ちを少しでもほぐしてやろうという意図もあると思うよ。

ま、これぐらいの問題なら、大抵の人は暗算ですぐに答えを出せるだろうね。

「は〜い、軽くできました。問Aは8で、問Bは21。問Cが−8で、問Dは$4a$です。あぁ、易しいなぁ。」

うん、その通り。全問正解だ。問Bを−5としたり、問Cを−224と誤ったりした人はいないよね。

では、もう少しレベルをあげよう。根号の問題、$\sqrt{\ }$の問題だよ。

問E　$6\sqrt{7}-\sqrt{28}$　を計算しなさい。（埼玉）
問F　$\sqrt{48}-\sqrt{27}+5\sqrt{3}$　を計算しなさい。（千葉）
問G　$\sqrt{27}-12\div\sqrt{3}$　を計算せよ。（東京）
問H　$\sqrt{45}+\dfrac{30}{\sqrt{5}}$ を計算しなさい。（神奈川）

「これも暗算でできるよ」という人は、かなり数学の得意な人だろうね。だが、中3の5人に4人は紙の上で筆算して解くだろうから、そういう人たちのために説明するぞ。

まず埼玉県の問Eだ。根号の問題は、最初に$\sqrt{\ }$の中身を考えるんだよね。

$$6\sqrt{7}-\sqrt{28}$$

$\sqrt{7}$はこのままでいい。$\sqrt{28}$は変えてしまおう。

$$\sqrt{28}=\sqrt{4\times 7}=\sqrt{2^2\times 7}=2\sqrt{7}$$

このように変えてしまえば、あとはカンタンだ。

$$6\sqrt{7}-\sqrt{28}$$
$$=6\sqrt{7}-2\sqrt{7}$$
$$=4\sqrt{7}$$

解答　$4\sqrt{7}$

次は千葉県の問F。

$$\sqrt{48}-\sqrt{27}+5\sqrt{3}$$

これも$\sqrt{48}$と$\sqrt{27}$の$\sqrt{\ }$の中身を変えてしまおう。

$$\sqrt{48}=\sqrt{4\times 12}=\sqrt{4\times 4\times 3}=\sqrt{4^2\times 3}=4\sqrt{3}$$
$$\sqrt{27}=\sqrt{9\times 3}=\sqrt{3^2\times 3}=3\sqrt{3}$$

これで元の式が↓のようになる。

$$\sqrt{48}-\sqrt{27}+5\sqrt{3}$$
$$=4\sqrt{3}-3\sqrt{3}+5\sqrt{3}$$
$$=6\sqrt{3}$$

WASE-ACA TEACHERS

宇津城センセの受験よもやま話

宇津城 靖人先生

早稲田アカデミー　神奈川第二ブロック　ブロック長
兼 センター北校校長

『サクセス15』の原稿を書いてもうすぐ10年を迎えます。すぐに終わるだろうと思われた連載がみなさまのご厚意のおかげで細々と続いており、「読んでいますよ」とか「あの話は本当のことなんですか」とお声をかけていただくことも、最初は稀有《けう》なことでしたが、いまではもはや日常となりました。読んでくださる読者のみなさまや携わっていただいたスタッフのみなさまに心より御礼申し上げます。当初はお名前とアイディアだけ貸してほしいとご依頼され、話題の佐村河内氏ではないのですが、私の口述した内容に基づいて原稿を起こしてもらうという手法で（ゴーストライターではありません）、原稿を作っていただいたのですが、書きあがった原稿を拝見して自分の言いたいこととニュアンスが微妙にズレるのが嫌だと感じて、すぐに自分で書くことにしました。私は文筆家でも作家でもなく、しがない一講師でしかありませんので、書いた文章を世に発表するということがどのような意味を成すのか、またどれほど大きな出来事なのか、そのときはよくわかっておりませんでした。単なる業務の一環ということで安易にとらえ、「上司の命令であるならば」と安請け合いしておりました。

初めて原稿の依頼をお受けしたのは、私がまだ千葉県のとある校舎の責任者をしていた時代のことでした。その後、都内、神奈川、そしてまた都内と校舎責任者として転々と異動を重ねて参りましたが、今年はまた神奈川に赴任をし始めたところで、この原稿を書いております。こうして振り返ってみると、ずいぶんと長いときを過ごしてきたものだと、このコラムから歴史を感じざるをえません。本当に時の経つのは早いものです。

文章を書き始めたころは、私は正しい言葉の使い方も知らないような、単なる若造でした。千葉県に初めて早稲田アカデミーの校舎を展開するという状況下で校長として赴任し、「絶対に成功させてやる」と息巻いて仕事にあたっていたと記憶しています。実際に千葉県に開校してみると、当時は残念ながら千葉県内にまだ「早稲田アカデミー」という塾名が浸透しておらず、お問い合わせのお客さまから「早稲●塾」とか「早稲田ゼミ●ール」とかさまざまな呼ばれ方をしてしまうような存在でしかありませんでした。いまでこそ千葉県入試で代表的な難関私立校合格者数ではほかの塾に負けることが少なくなりましたが、その当時は本当に他塾さんの胸を借りることしかできなかったものです。しかしながら認知度が低くてもやることは変わりません。とにかく目の前にいる生徒さんのことを真剣に考えて、精一杯の指導と対応をしていくだけです。そうしているうちに千葉校舎での日々が駆け抜けるように過ぎ去りました。そんななかでこのコラムを書き進めていました。当時は、知名度が低く悔しい思いをすれども、絶対に負けたくないという自分の戦う気持ちがコラムにも表れていましたし、若さゆえの愚《ぐ》昧《まい》さや軽薄さもやはり文章に色濃く表れてしまっていました。

ある程度の成功を収めて千葉での役割を終えると、今度は都内の校舎へと異動することになりました。都内ではＥｘｉＶという早稲田アカデミーのトップブランドの校舎を預かることになりました。ＥｘｉＶでは講師もエキスパートがそろっておりましたが、そのぶんお客さまの求める水準も高く、そのご期待にお応えするために必死に研鑽《けんさん》を積まざるをえませんでした。とにかく必死に毎日を過ごし、駆け抜けているうちに自分のステージもあがっていきました。この時期のコラムが一番過激というか、尖った文章になっていました。やはり仕事のうえでもまるでブツカリ稽古であるかのように毎日を戦っておりましたので、それが文章にも反映されてしまったのだと思います。そして都内のＥｘｉＶを去り、神奈川にＥｘｉＶを作るということで新しい校舎へ赴任もしました。新しく作り出すことは楽しいことである一方で、単に踏《とう》襲《しゅう》するよりも苦しいことがたくさんありました。心を痛めるような出来事もいくつかありましたが、たくさんの生徒さんと保護者のみなさまとともに戦い続け、いつしかＥｘｉＶというトップブランドを統轄する立場へと成長することができました。このころは新しい世界にときめいていたので、フレッシュな文章になっていたかと思います。その後また都内のＥｘｉＶへと異動し、その後もずっと戦ってきました。そして、この春からは神奈川県を統轄することになり、新たな職場で新たなステージで、仕事をしています。

そのときどきに仕事に対して、人に対して、人生に対してさまざまな思いや感情を抱いていましたが、それがいつもこのコラムの原稿にも反映されていました。どんなに出さないようにしようとしても、文章には人間性とかそのときの感情がやはりどうしてもうつってしまうものです。昔の原稿を引っ張り出して読み返してみると、よくもこんなにも読むに堪えない駄文を書き綴《つづ》ってきたものだと、穴があったら入りたいという衝動に駆られます。「これを書いたときにはこんなことがあって、こんな気持ちだったのだな」「この文章を書いたときは●●に傾注していたときだな」と自分のことが思い出されます。若いころに書いた文章は衝動的でどこか尖っていて、えてして配慮が足りないものです。本当に恥ずかしい限りです。一度世に出してしまったものは訂正がききませんから、すべての言葉を自分のものとして受け入れるしかないのですが、いまから当時の自分にものを言えるのであればぜひとも「書いた文章を最低10回以上は読み返せ」と言いたいものです。

当初は「迷える受験生に役立つ情報と体験談を」というコンセプトで、随筆のようなものを書き綴っていたのですが、そのうちさすがに自分の経験談のストックにも限界がやってきました。次第に執筆している内容が、創作的なものになっていきました。そうして、いつのまにやら小説めいたことを書くようになっていきました。文学部出身とは言えど、恥ずかしながら私自身の勉強が足らず「似非文学部卒」（ちゃんと卒業はしております。念のため）であるために、未だに文学の「ぶ」の字も理解できていないわけですが、なぜだか頭のなかに小説の構想のようなものは前々からありました。いずれは趣味の領域で執筆をしていこうと、老後の楽しみの1つにでもと悠長に考えておりましたところに、このコラムを書かせていただくという絶好の機会を頂戴しました。結果として表現の場を与えていただくという僥倖《ぎょうこう》にあずかることとなりましたが、それでも正直なところ、私自身は自分のような拙い文章しか書けない人間が、個人的な思いをこのような公の場所に垂れ流してもよいものかという逡巡《しゅんじゅん》もありましたし、通常の業務（一応本職が塾講師ですし、責任者という立場であったりもします）に追われるなかでの執筆はかなり苦しく、辞めた方がよいのではないかと思うことがしばしばありました。毎月３０００字という文字数が夢に見るほど苦しいときもありました。締め切りに追われていると、本当に書きたいことをじっくりと練りこんで書くというよりも、時間に追われるなかで断片的に頭のなかのものを言葉にしていくという作業になってしまうこともありました。締め切りを守れずに編集の方々にも数多くのご迷惑をおかけしてきました。この場を借りてお詫び申し上げます。申し訳ございませんでした。

しかしながらよく考えてみますと、３０００字も10年間あれば１２０カ月、ということは大体36万字程度ということになります。なかなかの文章量です。小中学生のころ「原稿用紙1枚」の宿題ですら、たった４００文字の作文ですらままならなかった自分にとっては、1つ大業を成した感があります。「これはちょっと頑張ったのではないか」と自分をほめてあげたくなります。ちりも積もれば、枯れ木も山のなんとかと申しますが、駄文もこれだけ積み重なればなにかの形となったのではと思います。

先ほど述べたような逡巡も未だに自分のなかにはあり、辞めた方がよいのではと迷うこともあるのですが、ありがたいことに「今年も連載を」とのお言葉を頂戴いたしまして、生き恥をさらしつつも引き続き今年度もこのコラムを書かせていただくことになりました。稚拙《ちせつ》な文章ですが、いましばらくおつきあいをいただければ幸いです。次月以降、少しでも中学生の生徒諸君の共感を得られ、活力となれるような文章を書いていけたらと考えております。今後ともどうぞよろしくお願いいたします。

WASE-ACA TEACHERS

東大入試突破への現国の習慣

国語

不安には解決策がありません！開き直ることが必要なのです。

田中《たなか》 利周《としかね》先生

早稲田アカデミー教務企画顧問

東京大学文学部卒。東京大学大学院人文科学研究科修士課程修了。文教委員会委員。現国や日本史などの受験参考書の著作も多数。

慇・懃・無・礼?! 今月のオトナの四字熟語「学習空間」

あらためまして、皆さんこんにちは！　田中利周です、と挨拶なんかしてみたのは、このすぐ上に書かれています「筆者の紹介」の欄に注目してほしかったからです。私の名前には「早稲田アカデミー教務企画顧問」というなんだか不思議な？　肩書きがつけられているでしょう。中学生の皆さんにとっては「いったい何をしている人なの」というカンジではないでしょうか。たまに各校舎にお邪魔することはあっても、中学生への授業は担当しておりませんので、皆さんと教室で顔を合わせることも、まずないと思います。この誌上での「お付き合い」が全てといってもいいでしょう。では、普段は「顧問」として何をしているというのでしょうか？　って、別にクイズではありませんので直ぐに答えを申し上げたいのですが、「早稲アカの教育理念を広く世間に知らせる仕事」をしているといえばよいでしょうか…って、これも分かりにくいですね(笑)。具体的な例を一つ挙げてみましょう。教員養成課程に通う大学生に対して、「本気でやる子を育てる」にはどうすればよいのか、というのをレクチャーしたりしているのです。

教職を目指す学生さんたちに講義をするわけですから、真面目に授業しております。当たり前ですけれども。一応、専門的な研究分野として「教育社会学」なるものを修めておりますので、ワタクシは。東京大学から「マスター」として認定されています。しかしながら、講義の場で期待されているのは、いわゆる「学問的な知識」の伝授ではなく、あくまでも「実践的なノウハウ」の伝授なのです。アカデミシャン＝「研究者」として教壇に立っているワケではないのですよ。「早稲アカ代表」という意味ではアカデミシャンですが(笑)。ちなみに私は「教員免許」を取得しておりません。ですから「実践的な技術」というのは全て、「学習塾の講師として、教室で、どのように授業を行ってきたのか」という経験の蓄積に基づいたものです。そのスタイルを学生さんたちに教示しているのです。この連載でもお分かりのように、塾では国語をメインに教えてきましたので、「生徒に読解力をつけさせるには」といった講演も全国各地で行ったりしています。けれども大学の講義では、「国語の授業のやり方」を教えているワケでもないのです。一体、「本気でやる子を育てる」ために必要な何を、教員を目指す学生さんたちに教えているというのでしょうか。

それは、生徒のやる気を引き出す「学

習空間」のあり方です。「学習する空間づくり」という言い方もできるでしょう。「本気でやる」とは、「生徒自身が、何かの魅力や価値を感じ、自分で決めて、自分からものごとに主体的、積極的に取り組む状態」にあることを言います。では、どうすれば生徒はやる気になってくれるのか。そのためには教師自身が「本気でやる」とはどういうことなのかを身をもって示す以外にありません。教える立場にあるもの自身が「今この瞬間も学びつつあるのだ！」ということを伝えなければ、生徒は学習する仕方を学ぶことができないのです。なぜならば、「学習する」仕方は、現に「学習している」人からしか学ぶことができないからです。

「知識」を伝達する場所としてだけ教室はあるのではないのです。「知識を身につける」ということを、文字通り教師が身をもって示すことで生まれる生徒とのコミュニケーションにこそ、注目しなくてはなりません。「考え続けること」それ自体の魅力を、教師が本気で伝える。生徒も本気でこたえる。この心と心が通じ合う場所こそが「学習空間」であり、教室は常にその現場なのです。「学習空間」に身をおくことによって、生徒自身が考え続けることの魅力を感じるようになれば、「誰かに言われなくても自分自身で主体的に取り組む」という状態に変化することができます。そうなると生徒は授業を受けている時間だけ考えるのではなくなります。教室の外でも、常に適切で効果的な探求行動を起こすようになるため、他からのアドバイスも受け入れやすくなり、そのことで自らの学習方法を発見することもあり、突破的な結果も出やすくなるのです。生徒が「自分の出したい結果」を求め続ける状態を、コミュニケーションによって創り出していくことこそが、「学習する空間づくり」の意味なのです。「これこそが教師の仕事である！」と、将来教職に就くことを考えている学生さんたちに「本気で」講義しています。教師を生業《なりわい》として「教壇に立つ」という覚悟を決めたからには、「教壇をはさんで成立する空間」には必ず教育の有効性があるという信念を抱いてほしい、ということを伝えたいのです。早稲アカの「学習空間」に身をおいている皆さんも、もしかしたら教壇の「こちら側」に立つことがあるかもしれませんよね。

グレーゾーンに照準！
今月のオトナの言い回し「独り相撲」

「ひとりずもう」と読みます。「相手もいないのに自分だけが力を入れ勢いこむこと」という意味を表す慣用表現です。もちろん独りで相撲をとることはできませんし、相手もいないのですから、勝った、負けた、という結果がともなうわけでもありません。意味のないことだと分かっているはずです。それでも人は「独り相撲」をとってしまうのです。相手がいないからこそ、自分を相手に。自分自身が抱く不安に対して。

「不安など感じたことがない」という人はいないでしょう。周囲から見ればいつでもテストで結果を出し、学習計画も着実に進めているような人であっても、心の内には不安を抱えているものです。むしろ、成績優秀だからこそより大きな不安にかられるのかもしれませんよね。「この成績がいつまで維持できるだろうか…」ってね。

人は何か不安に感じることがあると、その解決策を求めることで不安を解消しようとします。「次のテストで高得点が取れるだろうか…」という不安に対して、「完璧な学習計画を立てよう！」という解決策を見つけることで、安心したいと思うのです。ところが直ぐに気づくはずです。「どこまで準備すれば完璧なんだろうか？」と、新たな不安が芽生えてきてしまうことに。答えを求め、答えが出ないことで、さらに不安が深まる。これぞまさに堂々巡りの「独り相撲」というわけです。答えが出ないという事実をうまく受けとめられないということでもあるのでしょう。

ではどうすればよいのか？ 先ずは、多くの場合「不安には解決策などない」ということを知るべきなのです。不安とは将来に対する感情です。先行きに不安を感じるといっても、未来がどうなるかなんて誰にもわかりません。わからないことには、解決策も、答えも、そもそもないのです。その上で「不安が尽きることもない」ということを理解すべきなのです。ストレスや悩みのない人生などありえません。「解決しないまま抱えていく」しかないということなのです。

「不安が消えてなくなることなど人生においてはない！」と、不安に対して開き直ってしまうべきだとも言えるでしょう。つまり「独り相撲」を続けていくことは必要であると考えてしまうのです。「独り相撲」に意味なんかない！ 無駄だ！ というのではなく、上手に「独り相撲」をとることは大事なんだよね、と。これを「不安との共生」ということもできるでしょう。課題が困難であればあるほど、不安が大きければ大きいほど、「独り相撲」は盛り上がっていいじゃない！ と考えられればしめたものです。不安とうまくつきあっていくという経験を積むことが、皆さんにとってもこれから重要になってくるのですよ。

ープに印刷されている。この表に，１，２，３，…と連続する番号を１マスに一つ書き込むことにした。書き込むマス目は，表の左上のマス目から始めて，その下に２マス，右に２マス，上に２マス，右に２マス，…のように，２マスずつ下，右，上，右の順をくり返しながら進んでいくものとする。図２は12までの番号が書き込まれたものである。

図１

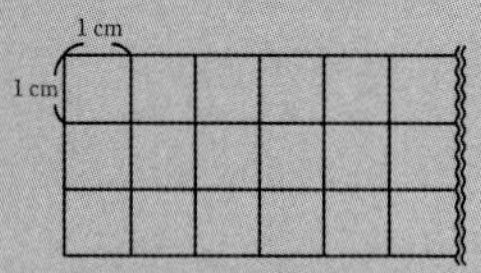

図２

	1列	2列	3列	4列	5列	6列
1行	1		7	8	9	
2行	2		6		10	
3行	3	4	5		11	12

次の問いに答えなさい。　（千葉県・一部略）

「19」のマス目の位置は，何行目の何列目か。また，「2014」のマス目の位置は，何行目の何列目か。

<考え方>

書き込まれた番号の位置にどのような規則性があるかを考えます。

<解き方>

番号は２マスずつ下、右、上、右の順でくり返し書き込まれているので、下図のように、番号８個ぶんが１つの周期となり、１周期の列は４列になる。

よって、19÷8＝2余り3より、「19」は３周期目で、位置は１周期目の「３」の位置と同じ。

よって、行は３行目で、列は4×2＋1＝9より９列目。

	1列	2列	3列	4列	5列	6列	7列	8列	…
1行	1		7	8	9		15	16	…
2行	2		6		10		14		
3行	3	4	5		11	12	13		

← １周期目 →　← ２周期目 →　…

また、2014÷8＝251余り6より、「2014」は252周期目の６番目。よって、行は２行目で、列は4×251＋3＝1007より1007列目。

以上より、

「19」のマス目の位置は、３行目の９列目

「2014」のマス目の位置は、２行目の1007列目

最後に、方程式の整数解に関する問題です。

問題３

ある菓子店では，どら焼きを箱入りで販売しており，６個入り，８個入り，12個入りの３種類があります。　（埼玉県）

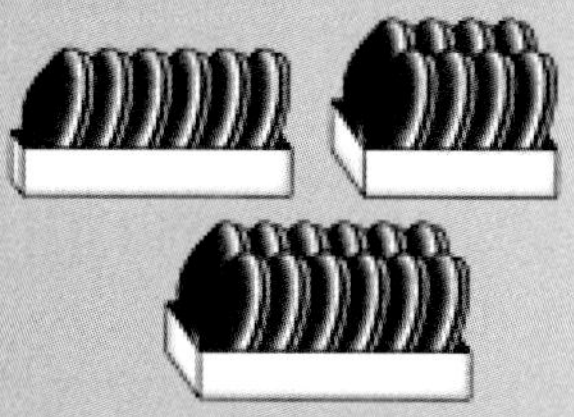

(1)　６個入りの箱と８個入りの箱の組み合わせで，どら焼きをちょうど34個買うには，６個入りの箱と８個入りの箱は，それぞれ何箱になるか求めなさい。

(2)　６個入りの箱と12個入りの箱の組み合わせでは，どら焼きをちょうど34個買うことはできません。

６個入りの箱の数をx，12個入りの箱の数をyとして，そのわけを説明しなさい。

<考え方>

(2)　６と12が、ともに６の倍数であることに注目します。

<解き方>

(1)　６個入りの箱の数をm、８個入りの箱の数をnとすると、$6m+8n=34$が成り立つ。これより、

$3m+4n=17$　………①

ここで、17÷3＝5余り2より、①を成り立たせるnが正の整数となるのは$1 \leqq m \leqq 5$の範囲。よって、①の解は、$m=3$、$n=2$の１組のみ。

(2)　仮定より、どら焼きの個数は、$6x+12y=6(x+2y)$となり、$x+2y$は整数だから、６の倍数である。ところが、34は６の倍数ではないので、６個入りの箱と12個入りの箱の組み合わせでは、どら焼きをちょうど34個買うことはできない。

以上、３問の整数問題を見てきましたが、基本事項を理解していれば決して難しいものではありません。さらに、整数の性質、とくに約数・倍数の知識は、分数の約分や素因数分解などで役立つだけでなく、数の感覚（いわゆる、「数字に強い」とか「弱い」とか言われるもの）にもかかわってきますので、普段の学習で活用しながら、ぜひ身につけていってほしいと思います。

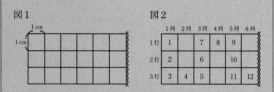

WASE-ACA TEACHERS

数学

楽しみmath 数学！DX

整数に関する問題 基本事項の理解が重要

登木 隆司先生

早稲田アカデミー 城北ブロック ブロック長 兼 池袋校校長

今月は整数に関する問題を学習していきます。

整数に関する問題については、方程式の応用や整数の性質の証明などを中心に入試問題でも多く見られますので、基本の考え方についてはしっかり確認しておくことが大切です。

はじめに、約数・倍数に関する問題です。

問題1

aを千の位，bを一の位の数とした４けたの自然数$a18b$がある。　（成城）

(1)　この自然数が８で割り切れるとき，aとbの値の組は何通りあるか。

(2)　この自然数が24で割り切れるとき，この自然数は何個あるか。

<考え方>

(2)　24で割り切れるためには、８で割り切れて、さらに３で割り切れなくてはならない。

<解き方>

(1)　４けたの自然数$a18b$は、$1000a+180+b$と表すことができる。ここで、1000は８で割り切れるから、$1000a$は８の倍数。$1000\div8=125$、$180\div8=22$余り4だから、

$$1000a+180+b$$
$$=8\times125a+8\times22+4+b$$
$$=8(125a+22)+(4+b)$$

よって、この４けたの自然数が８で割り切れるためには、$4+b$が８で割り切れなければならない。

これより、$b=4$で、このとき、aは１～９の９通りあるから、aとbの値の組も９通り。

(2)　$24=8\times3$より、８の倍数かつ３の倍数であればよい。よって、(1)より$b=4$

また、３の倍数は各位の数の和が３の倍数となればよいから、$a+1+8+4=a+13$より、３で割り切れるのは、$a=2$、5、8の３通り。

以上より、24で割り切れる自然数は、2184、5184、8184の３個。

続いては、数の規則性に関する問題です。

問題2

図１のように，１辺の長さが１㎝の正方形が縦に３マス，横にいくつも並んだ表が，長いテ

WASE-ACA TEACHERS

英語で話そう！

川村 宏一先生

早稲田アカデミー　教務部中学課
上席専門職

朝がちょっぴり苦手な中学３年生のサマンサは、父（マイケル）と母（ローズ）、弟（ダニエル）との４人家族。

いつものように部活を終え、家に帰るサマンサと友人のリリー。

その途中、サマンサは地図を片手にあたりを見渡している人を見かけたので、近寄って声をかけました。どうやらその人は、道に迷っていたようです。

Samantha：Lily, wait a moment, please.
サマンサ　：リリー、ちょっと待ってて。…①
（困っている人に声をかけるサマンサ）
May I help you?
なにかお困りですか？…②

Woman：Yes. Would you tell me the way to the station?
女性　　：ええ、駅に行く道を教えてもらえますか？

Samantha：Turn left at the next corner and go straight. And it is on your right.
サマンサ　：次の角を左に曲がってまっすぐ歩きます。すると右側にあります。…③

Woman：Thank you very much.
女性　　：ありがとうございます。

Samantha：You're welcome.
サマンサ　：どういたしまして。

今回学習するフレーズ

解説①	Wait a moment, please.	相手にちょっと待つようにお願いをする表現。 (ex) Wait a moment, please. I'm coming. 「ちょっと待ってください。すぐ行きます」
解説②	May I help you?	相手にお手伝いできることを伝える表現。 (ex) A:May I help you?　B: Oh, thanks. A:「なにかお役に立てますか？」　B:「ありがとうございます」
解説③	turn right (left) / turn to the right (left)	道案内をするときに、右（左）に曲がることを伝える表現。 (ex)Go straight for three blocks, and turn right. 「３ブロックほどまっすぐ進んで、右に曲がってください」

ミステリーハンターQの
歴男歴女養成講座
春日 静
中学1年生。カバンのなかにはつねに、読みかけの歴史小説が入っている根っからの歴女。あこがれは坂本龍馬。特技は年号の暗記のための語呂合わせを作ること。好きな芸能人は福山雅治。
山本 勇
中学3年生。幼稚園のころにテレビの大河ドラマを見て、歴史にはまる。将来は大河ドラマに出たいと思っている。あこがれは織田信長。最近のマイブームは仏像鑑賞。好きな芸能人はみうらじゅん。
ミステリーハンターQ（略してMQ）
米テキサス州出身。某有名エジプト学者の弟子。1980年代より気鋭の考古学者として注目されつつあるが本名はだれも知らない。日本の歴史について探る画期的な著書『歴史を掘る』の発刊準備を進めている。

元禄文化

江戸時代前期の上方を中心に花開いた「元禄文化」。じつは、現在の私たちの生活につながっているものも多いよ。

勇 江戸時代前期に元禄《げんろく》文化が花開いたって聞いたけど、元禄文化ってなに？

MQ 元号の元禄は西暦1688〜1703年までの15年間だね。江戸時代前期にあたるけど、おもに元禄期前後の大阪、京都などの上方《かみがた》を中心とした町人文化のことを言うんだよ。

静 上方が中心なの？

MQ 江戸幕府ができて約100年、政治的、社会的に安定して、町人のなかでも経済にゆとりのある人々が担い手になったんだ。

小説では大阪の井原西鶴が『日本永代蔵』を書いたり、同じく大阪の近松門左衛門が『曽根崎心中』などの人形浄瑠璃の脚本を書いて人気を博したりした。

勇 俳句も元禄文化なの？

MQ そうだね。西山宗因が江戸に下って俳諧《はいかい》を広め、松尾芭蕉が江戸で俳諧を芸術性の高い文学に育てあげた。

静 松尾芭蕉なら知ってる。『奥の細道』を書いたのよね。

MQ その通り。『奥の細道』は俳句を盛り込んだ紀行文学の傑作と言われているね。

勇 文学以外はどうだったの？　例えば美術とか。

MQ 美術では尾形光琳が大胆な構図の屛風絵を描いたり、江戸では菱川師宣が木版画による浮世絵を世に出すなどの活躍をした。

静 あらゆる分野で芸術が開花したって感じね。

MQ 俳句や浄瑠璃は現在まで伝わっていて、いまでも俳句を作る人はたくさんいるけど、元禄文化は個人の生活にも大きな影響をおよぼしたんだ。

勇 個人の生活に？　例えばどんなこと？

MQ それまでは1日に食事は2回が普通だったけれど、いまと同じように3回になったり、正月に雑煮を食べたり、3月のひな祭りにおひな様を飾ったりといった習慣もこのころに広まったんだ。

静 へえ。私たちの生活とも密接なつながりがあるのね。

MQ 人々は神社仏閣にお参りするようになり、多くの人が観戦するなかで相撲の取り組みが行われたり、村では村祭りが行われるようになったりしたのも、元禄時代と言われている。5代将軍、徳川綱吉の「生類憐れみの令」などの問題もあったけど、人々は余裕のある生活をし始めたとも言えるね。

西鶴

みんなの数学広場

問題編

答えは次のページ

初級～上級までの各問題に生徒たちが答えています。
どの生徒が正しい答えを言っているか当ててみよう。
もちろん、当てずっぽうじゃなく、実際に問題を解いてみてね。

TEXT BY かずはじめ
数学を子どもたちに、楽しく、わかりやすく、
使ってもらえるように日夜研究している。
好きな言葉は、”笑う門には福来る”。

上級

アメリカンフットボールやラグビーボールなどで使う楕円《だえん》状の球を数学ではなんと言うでしょうか？

A 答えは…

楕円体

だって楕円に見えるんだから。

B 答えは…

鎧球《がいきゅう》

アメリカンフットボールで使うから。

C 答えは…

変球体

球の形が変わったから。

中級

「私は今朝、ご飯もパンも食べた」の否定文は?

A 答えは…

「私は今朝、ご飯もパンも食べなかった」
でどう?

B 答えは…

「あなたは昨夜、ご飯もパンも食べなかった」になる。

C 答えは…

「私は今朝、ご飯、パンの少なくとも1つは食べなかった!」

初級

この4月から消費税が5%から8%になりましたね。

本体価格は実際、何%あがったでしょうか?

A 答えは…

約2.857%

詳しく計算するとこうなる。

B 答えは…

3%

それだけじゃない?

C 答えは…

変わらない

2人とも間違ってるよ。

解答編

上級

正解は　答え A

アメリカンフットボールやラグビーボール状の球は、どこを切っても切り口が楕円になります。
もちろん、切り方によっては円にもなります。
これらの球体を楕円体と言います。

A

B

鎧球。これってアメリカンフットボールを漢字で表したものだよ。

C

こんな言葉はありません。
これ自体が変???

中級

正解は 答え C

右の表を見ると、「私は今朝、ご飯もパンも食べた」とは、タイプ(ア)のこと。ということは、タイプ(ア)の否定とは、タイプ(イ)(ウ)(エ)すべてのことですから、じつは、ご飯を食べることもパンを食べることもありますが、両方を食べることだけがないということになるわけ。したがって、少なくとも1つ(1つ以上)は食べなかったCが答えです。

ご飯	パン	タイプ
○	○	(ア)
○	×	(イ)
×	○	(ウ)
×	×	(エ)

A

どう？　って言われてもねえ。

B

「あなたは昨夜」って、
私と今朝まで否定されても…。

C

初級

正解は 答え C

本体価格とは、商品そのものの価格ですから、消費税を含まない価格です。消費税があがったわけで、本体価格は変わっていません。もし変わっている場合は、便乗値上げと言われて、消費者から批判を浴びやすくなります。

A

もしかして108%÷105%?
「本体」価格だよ!

B

本当に考えた?

C

先輩に聞け！

大学ナビゲーター

筑波大学

体育専門学群1年

三浦《みうら》 郁士《いくし》さん

先生との出会いが進路を決めるきっかけに

——筑波大の体育専門学群を志望したのはどうしてですか？

「高1のころは理系の学部に進もうと考えていたものの、具体的にどの学部に進もうというのはとくに決めていませんでした。体育について学ぶのもいいなと思い始めたのは高2のときです。筑波大の大学院を卒業した体育の先生が、私が所属していた野球部の監督として赴任してきたのですが、情熱的でかっこよくて、先生に対する憧れから体育を学べる学部をめざそうかなと思い始めました。そして、筑波大なら最高峰のレベルで体育について学べそうだと思ったので、筑波大をめざすことにしました。」

——体育専門学群の講義について教えてください。

「筑波大は学部・学科という呼び方ではなく、学群・学類という呼び方をし、学生のことも学群生と呼びます。体育専門学群は文系・理系にかかわらず幅広い分野を学ぶのが特徴です。文系寄りの体育哲学やスポーツ心理学などの講義もあれば、理系寄りの解剖学や生理学などの講義もありますし、コーチング理論や実技の講義もあります。1年生のうちはこれらの講義を学群生全員が履修しますが実技の講義だけは選択制なので、各自が好きな種目を選んで履修しています。ちなみに私は陸上と柔道を選択しました。

　こうした学群の講義のほかに、中・高の体育教師の免許を取るための教職課程も履修しています。」

——とくに印象に残っている講義はありますか。

「パラリンピックで採用されているブラインドサッカーなどのアダプテッドスポーツ（※）について学ぶ講義です。多くの人がスポーツを楽しむためにはどうし

※アダプテッドスポーツ…障害者や高齢者も楽しめるように工夫されたスポーツ。

幅広い分野を学びながら将来進みたい道をゆっくりと考えていきたい

たらいいかということを学べました。

また、スポーツバイオメカニクスについて学ぶ講義も楽しかったです。ジャンプをするときは身体のどこに力が入っているのかという運動力学などを勉強する講義で、高校で学んだ物理の知識を活用できるので興味深く受講していました。」

——苦手な講義はありますか。

「人体の構造などについて学ぶ生理学や解剖学が苦手です。高校生のころ、物理と化学は勉強していましたが、生物はとくに勉強していなかったので苦手意識がついてしまい、大学生になってから改めて勉強するのは大変でした。」

——部活動には所属していますか。

「中学のころから続けている野球を大学でも続けています。筑波大の野球部は現在首都大学野球連盟の1部リーグに所属しており、部員は3学年で１００名くらいいます。

野球部には学生スタッフというシステムがあって、2年生の秋ごろに選手を続けるかスタッフになるかの選択をし、選手を続けるのが厳しいと感じた部員はスタッフになります。大体1学年の半分から3分の1はスタッフになり、ノックをしたり、指導をしながら選手を支えています。」

——これからの目標を教えてください。

「3年生になると、興味のある分野の研究室に所属して学習を深めていきます。いまはアダプテッドスポーツや、スポーツバイオメカニクスについて関心があるので、これらを学べる研究室に所属できたらいいなと考えています。

卒業後のことはこれからの講義や研究室での活動などを通して決めていきたいです。体育教師になって、母校に戻るのもいいかなと思い始めています。」

筑波大野球部1年生のみなさん。

二浦さんが選択した柔道の講義。この日は昇段審査が行われました。

【筑波大の魅力】

敷地が広く、すべての学群・学類が筑波キャンパスに集合しているので、さまざまな学群・学類の人と交流できます。敷地が広いので、学内はいくつかのエリアにわかれていて、体育専門学群はおもに体育・芸術エリアというエリアで講義を受けています。工学系や理科系の学群がおもに活動している第三エリアには、おしゃれな食堂があるのでおすすめです。

また、1人暮らしをしている人も多いので、みんな自転車で通学しています。大学の近くにはアパートやマンションが多く、友だち同士の家も近いので、気軽にお互いの家を行き来できて楽しいです。

【友だちのおかげで数学を得意科目にできた】

もともと数学は得意な方ではなく、どちらかといえば苦手意識を持っていたのですが、ある問題の解き方を友だちに教えてもらったことで、数学も意外とおもしろいなと感じるようになりました。その友だちは独特の目線を持っていて、そういう見方もあるんだ、と新しい発見をすることができました。そのときに数学のおもしろさに気づいたおかげで、苦手を克服することができ、最終的には数学を得意科目にできました。

【受験生へのアドバイス】

メンタル面を整えるコツは、毎日やる日課、ルーティーンワークをなにか1つ決めておくことです。私の場合、NHKの朝の連続ドラマを毎日楽しみに見ていました。毎朝15分間のドラマですが、その時間が息抜きになってストレス発散にもなりましたし、入試の前日までいつもと同じようにそれを見ることで、「いつも通りで大丈夫だ」と平常心を保つことができました。

スポーツが好きな人なら勉強の前にジョギングをするなど、なんでもいいので毎日の日課を決めてそれを直前期まで続けることで、メンタル面も整ってくると思います。ぜひみなさんもルーティーンワークを大切にしてみてください。

あれも日本語 これも日本語　NIHONGO column no.51

「一」が2つ入っている四字熟語

今回は、「一」が2つ入っている四字熟語だ。いくつ知っているかな。

「一期一会《いちごいちえ》」は茶道の用語。いまこうして会っているけど、二度と会うことはない、これが最初で最後の出会い、という意味だ。また、そういう気持ちを込めて相手に接することだ。出会いを大切にし、いつも最高のおもてなしをすることだね。

「一喜一憂」は喜んだり、心配したりして気をもむこと。「彼はテストのたびに一喜一憂している」なんて使う。「一喜一憂しないで、もっと落ち着け」なんて言われるかも。

「一進一退」は文字通り、進んだり退いたりすること、あるいはよくなったり悪くなったりすること。例えば、「試合はシーソーゲームで一進一退だ」とか「病状は一進一退だ」などと使う。

「一朝一夕《いっちょういっせき》」は朝と夕が1つずつだから、1日のこと。そこから短い時間のことをさす。「あのビルは一朝一夕にできたわけではない」なんて使うよ。

「一長一短」は長所も短所もあるということ。「その考えは一長一短だ」はいい点もあるし、悪い点もあるということ。

「一世一代」は一生に一度のことというのが本来の意味。そこから、とても大事なこと、あるいは滅多にない状況をいうようになった。「その仕事、一世一代のつもりで取り組んでみたい」、あるいは「一世一代の晴れ姿」なんて使い方もある。

「一問一答」はまとめて質問してまとめて答えるのではなく、1つの質問に1つずつ答えていくことだ。

「一国一城」は「一国一城の主《あるじ》」の略で、明治維新以前に国や城を持つ大名のことだ。そこから、自分の会社や組織を持っている人をさすようになった。「彼はサラリーマンをやめて、会社を設立して社長になった。いまや一国一城の主だ」なんて感じかな。

「一汁一菜」は食事の際、汁椀が1つ、おかずが1つの質素な食事のこと。「ダイエットしてるから、最近は一汁一菜だ」とか。

最後は「一字一句」。1つの文字、1つの句（言葉）という意味で、「一字一句をおろそかにしないで、きちんと書きなさい」などと使う。

これ以外にもあるので、探してみたらおもしろいかも。

サクニュー!! ニュースを入手しろ!!

産経新聞編集委員
大野 敏明

今月のキーワード

慶良間諸島国立公園

◀PHOTO 沖縄県の慶良間諸島（左が座間味島）（一般財団法人沖縄観光コンベンションビューロー提供）写真：時事

環境省は３月５日、沖縄県の慶良間《けらま》諸島を国立公園に指定しました。「慶良間諸島国立公園」と言います。日本で31番目の国立公園です。

新たな国立公園が指定されたのは1987年（昭和62年）の「釧路湿原国立公園」以来、じつに27年ぶりです。

慶良間諸島は沖縄本島の県庁所在地、那覇市の西、約40㎞の東シナ海に浮かぶ渡嘉敷島《とかしきじま》、慶留間島《げるまじま》、座間味島《ざまみじま》、阿嘉島《あかじま》など大小30あまりの島から構成されています。面積は陸域3520ヘクタール、海域9万475ヘクタールです。海の透明度は高く、青い海は「ケラマ・ブルー」と呼ばれ、ダイバーらの人気スポットです。

では、なぜいま、国立公園に指定されたかというと、環境省の指定基準が変更されたからです。国立公園は、かつては景観を重視していましたが、生物多様性や生態系なども評価の対象に加えることになったのです。

同諸島周辺は200種以上の多様なサンゴが生息していること、ザトウクジラの繁殖海域であることなどが高く評価されました。

これまで、慶良間諸島は国定公園でした。国定公園は県が管理します。したがって、予算上の問題などもあり、自然保護などの対策についても、必ずしも十分とはいえませんでした。

環境省は、従来の国定公園の規模を拡大して新たに国立公園に指定することで、サンゴの採取や埋め立てなどの開発行為、自然破壊行為を取り締まり、自然保護を徹底したいとしています。

しかし、自然保護を徹底するからといって、漁業ができなくなったり、ダイビングが禁止されたりするわけではありません。地元では国立公園の指定によって、より多くの観光客が訪れることを願っています。

当たり前ですが、違法行為をしなければ、だれでも「ケラマ・ブルー」の海を堪能することができます。

最近は、沖縄周辺のサンゴがオニヒトデなどの害によって、死滅したり、減少したりしているという問題もあります。

今回の国立公園指定を契機に、海洋国家である日本は、サンゴの海に関心を持って、自然を大切にする心を持ちたいものです。

ところで、国立公園指定の日が３月５日になったのは、「35」が「サンゴ」と読めるからです。環境省もちょっと味なことを考えましたね。

あたまをよくする健康

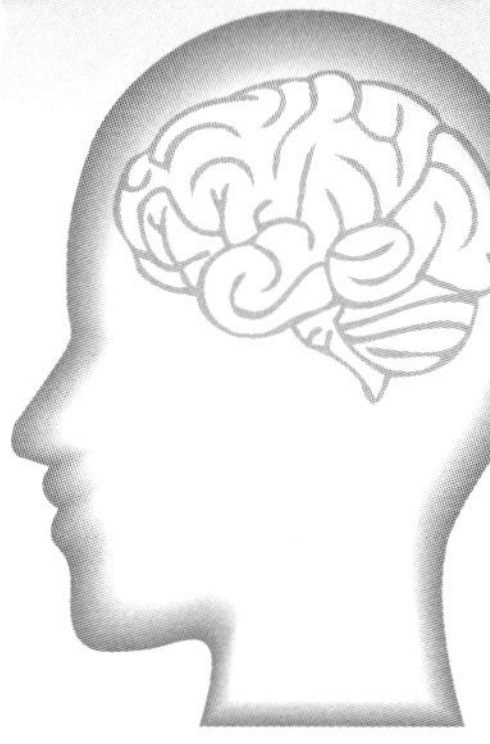

ナースであり
ママであり
いつも元気な
FUMIYOが
みなさんを
元気にします！

by FUMIYO

今月のテーマ

歯の健康

ハロー！　Fumiyoです。突然ですが、みなさんは毎日歯磨きをしていますか？　最近は歯ブラシの種類が色々あって、お気に入りの歯ブラシを見つけたりするのも楽しいよね。でも、疲れていると、歯磨きが面倒くさくなることも…。毎日の歯磨きがどんなに大切なのかを痛感するのは、虫歯ができてしまい、歯が痛くなったときです。歯の隙間に食べ物が詰まっただけでも、食事をとりにくくなってしまうなど、日常生活を送るうえで、歯はとても大切な存在です。健康な歯でいつまでもおいしく食事を取るためにも、今回は「歯」について勉強しましょう。

まずは歯の構造について見てみます。普段見えている歯の部分を歯冠部、歯肉のなかに入っていて普段は見えない部分を歯根部と言います。とても硬いイメージのある歯ですが、じつは部位によって硬さも違います。

エナメル質→歯冠部の表面を覆っている、人間の身体のなかで最も硬い組織です。水晶と同じくらいの硬さがあると言われています。

セメント質→歯根部の表面を覆っている組織で、骨と同じくらいの硬さがあります。

歯髄《しずい》→神経線維・血管やリンパ管などが通っていて、歯に栄養を補給しています。おもに痛みを感じる、歯の神経です。

象牙質→表面の組織であるエナメル質やセメント質と、中心部の組織である歯髄の間にあるのが象牙質です。歯の大部分を占めています。

上記の組織がおもに歯を形成しています。このように、歯は何層にもわたって作られているんですね。

次に、歯がどのように虫歯になっていくのか見てみます。

私たちの口のなかにはミュータンス菌という常在菌が住んでいます。このミュータンス菌は、甘いお砂糖が大好きで、口のなかに残っている糖分を栄養として食べ、ネバネバとした物質を作り出しながら歯の表面に付着しようとします。そのミュータンス菌がかたまりとして歯に付着したものを、歯垢（プラーク）といいます。

歯垢はミュータンス菌の巣のようなもので、このなかで糖を栄養として活動を始め、酸を作り出します。その酸が歯を溶かすことで健康な歯が虫歯になってしまいます。

虫歯を作らず健康な歯を維持するために、歯垢をしっかり取り除く歯磨きが大切となります。なんとなくシャカシャカ…と磨くのではなく、一本一本意識して磨くようにしましょう。また、磨きにくいところに歯垢が残りやすいので、歯間ブラシなどを使うのもおすすめです。

そして、一番大切なのは、医療機関で定期的に歯のチェックをすることです。磨き残しの多い部分や、自分に合った歯の磨き方を教えてくれるので、しばらく歯医者さんに行ってないな～と思ったら、歯の健康チェックに行きましょう。

虫歯ができて歯が痛くなってしまっては、勉強もままなりません。勉強に集中するためにも、医療機関での歯の定期的なチェック、そして、自宅での毎日の歯磨きを大切にしましょう。

Q1

8020運動の「8020」はなんと読むでしょうか？

①はをにじゅう　②はちぜろにいぜろ　③はちまるにいまる

正解は、③の「はちまるにいまる」です。

80歳になっても自分の歯を20本以上保ちましょうという運動です。どの年代でも歯が20本あると、しっかり噛むことができると言われています。

Q2

歯を守るためになくてはならない唾液。唾液の働きに含まれないものはどれでしょう？

①眠気防止作用　②虫歯予防作用　③消化作用

正解は①の眠気防止作用です。

①を選んだあなた、ミント入りの歯磨き粉を使って目を覚ましましょう。唾液は消化酵素のアミラーゼを含み、口のなかのpHを調整することで虫歯予防をしています。

※pHとは…酸やアルカリの濃度を表す数値。酸性に傾くほど虫歯になりやすい。

もしもタイムスリップできたなら

テルマエ・ロマエ

2012年／日本
監督:武内英樹

『テルマエ・ロマエ通常盤』
DVD発売中
3,800円＋税
発売元:フジテレビ
販売元:東宝

古代ローマで現代の浴場を再現

タイトルの『テルマエ　ロマエ』とはラテン語で「ローマの浴場」という意味。遺跡でも確認されているように、古代ローマには日本と同様に公共浴場が存在したと言われています。

主人公のルシウスは、古代ローマ時代の浴場設計技師。より革新的な浴場を求める古代ローマと、浴場文化の最先端をいく現代日本の間をタイムスリップすることで、日本の技術や文化を古代ローマで再現し成功を収めていきます。

ルシウスが最初にタイムスリップしたのは昭和の日本でした。彼は初めて見る日本人を「平たい顔族」と表現し、日本の銭湯を「奴隷たちの入浴場」と勘違いします。真剣な表情で銭湯の様子を勝手に解釈するルシウスと、その場に居あわせた気のいい日本の親父たちの対称的な様子が笑いを誘います。

古代ローマと現代日本の浴場をタイムスリップするという斬新な切り口で大ヒットを記録。イタリアでも上映され話題を集めました。生真面目な浴場設計技師ルシウスを演じた阿部寛は日本アカデミー賞最優秀主演男優賞を受賞。

BALLAD 名もなき恋のうた

2009年／日本
監督:山崎貴

『BALLAD　名もなき恋のうた』
Blu-ray発売中
4,700円＋税
発売元:NBCユニバーサル・エンターテイメント

戦国武士と姫の純愛ストーリー

戦国時代を生きる1人の武士と、春日の国の姫との身分の違う恋愛を描いた純愛ストーリー。

時は1574年、戦を重ねて領土と民を取りあう戦国時代において、春日の国では廉姫の嫁入りをめぐって、大きな戦いが始まろうとしていました。戦の先頭に立つのは、「鬼の井尻」の異名を持つ井尻又兵衛であり、廉姫が恋心を寄せる武士でした。

そんなとき、現代から真一少年がタイムスリップ、さらに真一の両親もあとを追いかけてきます。戦と2人の恋に現代人親子が絡みあい、それぞれが本当に大切なものと向きあう勇気を得ていきます。

戦国時代の壮大な城や櫓《やぐら》が描かれている一方で、そのなかを親子とともにタイムスリップしてきた四輪駆動車が走るミスマッチな風景にも注目です。激しい合戦の様子もリアルに描かれており、迫力ある映像を楽しむことができます。

原作は人気アニメの「クレヨンしんちゃん　嵐を呼ぶアッパレ！　戦国大合戦」です。

この胸いっぱいの愛を

2005年／日本
監督:塩田明彦

『この胸いっぱいの愛を』
DVD発売中
3,800円＋税
発売元:ＴＢＳ
発・販売元:NBCユニバーサル・エンターテイメント

大切な人への変わらない思い

この物語は、過去にタイムスリップした主人公が大切な女性を救おうとする切ないラブストーリーです。

主人公の比呂志は、仕事で故郷の九州へ帰るために飛行機に乗っていました。到着すると、そこは20年前の時代でした。

比呂志は、戸惑いながらも10歳の自分と生活をともにします。まるで兄弟のようにじゃれあう2人の姿がほほえましいです。

そして、比呂志は重い病気でこの世を去る和美姉ちゃんとも再会します。過去、未来、どちらの比呂志にとっても変わらずに大切な存在である彼女を、どうにかして救おうとする比呂志のまっすぐな気持ちに心を打たれます。少年がそのまま大人になったような比呂志に、伊藤英明の演技がマッチしていて、ついつい感情移入してしまいます。

劇中に流れるクラシック音楽や和美姉ちゃんの奏でるバイオリンの音色にも注目です。

映画とは結末の違うノベライズ版もあるので、ぜひ読んでみてください。どちらも心温まる作品になっています。

『下町ロケット』

下町に眠る最先端の技術を載せたロケットははたして飛ぶのか？

◆『下町ロケット』

著／池井戸 潤
刊行／小学館
価格／720円＋税

宇宙に向けて打ち上げられるロケットには、最先端の技術を駆使して作られた部品がたくさん使われている。その部品が日本の下町の工場で作られているとしたら、すごいことだよね。

でも、実際に世界の最先端をいくデジタル製品などに、そういった工場でしか作ることができない部品が使われているという例はたくさんあるんだ。この『下町ロケット』は、東京のとある下町の工場から生まれた部品が、大企業が製作を進めるロケットになくてはならないものとして搭載されるまでの紆余《うよ》曲折《きょくせつ》が描かれた小説だ。

主人公の佃航平は、父の死を機に、大企業ではないが、確かな技術力で評価されている佃製作所を継ぎ　社長として奮闘する毎日。

しかし、いつも佃製作所と取引をしていた会社の1つに突然取引の停止を告げられ、そのすぐあとに、またもや突然、佃製作所が商売敵《がたき》である大手メーカーの特許を侵害していると訴えられてしまう。理不尽な言いがかりなのだが、相手は業界大手で、優秀な弁護士をつけ、佃製作所を不利な状況に陥れていく。

そんな状況のなかで佃製作所を救うきっかけになるのが、以前開発し、特許をとっていたエンジンの部品だった。

この部品の特許を使う権利を、ロケット開発を進める大企業「帝国重工」に認めることで、毎年大きなお金が会社に入る契約を持ちかけられる。喜ぶ社員たち。しかし、主人公の佃が考えたのは、社員も驚く内容だった。彼には大きな夢があったのだ―。

著者・池井戸潤は、この小説で直木賞を受賞。さらに昨年大きな話題を呼んだテレビドラマ『半沢直樹』の原作の著者でもある。

『半沢直樹』同様、この物語にもじつにさまざまな性格、考え方の人々が登場する。主人公を理解し、支えてくれる人ばかりではなく、邪魔をし、足を引っ張る人も多い。そうした人たちとの衝突をどう乗り越え、自分の思いを実現させていくのか。自分ならどうするか。そんなことを考えながら読んでもらいたい。

Q 自分で参考書や問題集を選ぶときにどれがいいのか悩んでしまいます。

通っている塾とは別に、家でも自分で勉強したいと思い、参考書や問題集を購入したいのですが、本屋さんに行くとあまりに参考書の数が多くて、どれを選んでいいかわかりません。なにか選ぶ基準や、見極め方はありますか。

（世田谷区・中２・YE）

A 目的に合った薄めの１冊を繰り返し解きましょう。

塾での勉強に加えて、自分でも勉強をしたいので参考書・問題集を選びたいという前向きな姿勢は立派です。基本的には、塾の教材を丁寧に学習することが大事だと思います。塾で使用している教材は、最近の入試傾向を研究し、必要不可欠な要素を凝縮した内容となっているからです。

さらに勉強したいという場合の参考書選択で大事なのは、目的をはっきりさせることです。基礎力をつけたいのか、応用・発展的な問題にチャレンジしたいのか、目的が定まれば、参考書を選びやすくなります。

また、すでに塾に通っているのであれば、さらに教材を購入する際は、あまり分厚くないものの方がよいでしょう。学習のベースは塾教材を完璧にマスターするところに置き、それを補充する形で副教材を選ぶといいでしょう。

そして、「この１冊をマスターした」という達成感を得ることも大事ですので、薄めの参考書や問題集を1冊用意し、繰り返し解いてみることで、より確実な学力がついてきます。

もし、どんなものを選ぶべきか、どうしてもわからなければ、塾の先生に尋ねてみるのもいいかもしれません。塾で使用している教材との兼ね合いや現在の学力を考慮したうえで、補充学習用の材料として最も適切な参考書や問題集を紹介してくれるはずです。

なんとなく得した気分になる話

生徒　先生

身の回りにある、知っていると
勉強の役に立つかもしれない知識をお届け!!

三大〇〇のイロイロ

日本人って、三大〇〇とか好きだよね～。

確かにそうだね。三大〇〇と言われて、キミはなにが浮かぶ？

えっ?? うーん。三大祭り？

おお、三大祭りってよく聞くけれど、じゃあ、三大祭りってなんだ？

そんなのわかるわけないじゃん。

知ってるお祭りでいいからあげてごらん。

そうだなあ…。祇園祭？

ピンポーン。正解！　じゃあ、もう1つ！

神田祭??

ピンポーン。またまた正解！　キミ、よく知ってるねえ。すごいなあ。

うちの近くだから…。

じゃあ、最後の1つは？

うーん、ねぶた祭り???

残念！　答えは、大阪の天神祭なんだよ。

知らなかった。で、先生は、見たことあるの？

もちろん、ない！

あいかわらず、説得力ないなあ。

そうだよな。そういえば、ねぶた祭りは、東北三大祭りだった気がするな。

ふーん。でも、日本人ってほんと三大〇〇が好きだね。この前も、社会の授業で日本三名園とか出てきたよ。

あっ、言わないでくれ。それって、金沢の兼六園、水戸の偕楽園、えっと、あと1つ。うーん、なんだっけ…。

岡山の後楽園だよ。三名園なんて覚えてどうなるの？　クイズに出て得するだけじゃん。

まあ、それは否めないな。でも、三名園を知っておくと、旅行で行ったときに、行ってみようという気にならない？

旅行のため？　なんだかなあ…。

それだけじゃないぞ。知識を増やすことは、人間を大きくすることなんだよ。大人になるとね、色々な人と話をする機会が増える。もちろん、全国的にだ。例えば連休の時期になると、同僚が「実家に帰るので」とか言うだろ。その実家は、日本のあちこちに散らばっていることが多い。そのときに「ご実家はどちらなんですか？」と聞いて「××です」と言われたとする。そのとき、「ああ、あの三大〇〇の」と言ってあげられたら、その人と、急に気持ちが近くなった気分がして、話が盛りあがるだけでなく、その三大〇〇の詳しい説明が聞ける。いわゆる、話題のひきだしって言うのは、たくさんある方が人づきあいにはもってこいなんだよ。

人づきあいか。ぼくは、人づきあいが苦手だから大切かも…。

急に落ち込むなよ。キミは人づきあいが苦手だったのか。そうは全然思わないけどなあ…。

人づきあいが苦手だから、こうして先生に話しに来るんだよ。

じゃあ、先生はキミの話し相手か？

そうだよ。ダメ？

ダメじゃないけど…。

先生の話も聞いてあげてるよ。

まあ、確かに。うーん。どっちがどっちの相手をしているのか、わからなくなってきたぞ。

大丈夫。ぼくが先生の相手してあげてるから。じゃ、先生、先生の三大迷惑は？

校長、同僚、生徒！

ほら、ぼくが必要でしょ？

しまった、ハメられた！

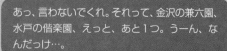

Educational Column

15歳の考現学

東大合格者数から見た公立高校生の考え方
新センター試験で高校のあり方が変わる

私立 INSIDE

私立高校受験

首都圏私立高校の
入試制度を見る

公立 CLOSE UP

公立高校受検

2014年度神奈川県
公立高校入試結果

BASIC LECTURE

高校入試の基礎知識

知っておきたい
高校入試用語辞典[下]

受験情報

埼　玉

2015年度公立入試は3月2日

埼玉県の公立高校2015年度の入試日程がすでに公表されている。

◇**入学願書等提出期間**
2月18日（水）・19日（木）

◇**志願先変更期間**
2月23日（月）・24日（火）

◇**学力検査**　3月2日（月）

◇**実技検査・面接**　3月3日（火）

◇**合格発表**　3月10日（火）

埼玉県の公立高校入試は、以前は前期・後期に分かれ、2度のチャンスがあったが、現在は一本化され1回の入試となっている。日程的には以前よりも遅くなり3月に検査が行われる。

3月3日の実技検査・面接については、実技は芸術系学科のある学校、面接は一部の学校で行われる。

千　葉

公立入試前期は2月12日・13日

千葉県の2015年度公立高校入試日程は以下のとおり。

◆前期選抜

◇**入学願書等提出期間**
2月3日（火）・4日（水）

◇**学力検査**　2月12日（木）・13日（金）

◇**合格発表**　2月19日（木）

◆後期選抜

◇**入学願書等提出期間**
2月23日（月）・24日（火）

◇**志願先変更期間**
2月25日（水）・26日（木）

◇**学力検査**　3月2日（月）

◇**合格発表**　3月6日（金）

15歳の考現学

東大合格者数から見た公立高校生の考え方
新センター試験で高校のあり方が変わる

東大合格者数では前年と公立高校はほぼ変わらず

東大合格者（前期）が原稿執筆時点ぎりぎりで判明しました。さて、高校入試の代表格である公立高校は善戦したでしょうか。

都立では日比谷が35人、西が29人。それぞれ昨年が29人（日比谷）と34人（西）ですから交互に入れ替わったものの、いわば両校の合計の存在感は保たれた、といえます。また、国立も22人（昨年）から今年も24人と健闘しています。

近県はどうでしょうか。まず神奈川の横浜翠嵐ですが昨年17人が21人と増。湘南も昨年の14人が16人とわずかですが増えました。千葉では県立千葉が中高一貫生初出の年でしたが昨年25人が21人に。埼玉のトップ、県立浦和は46人（昨年）が29人と大幅ダウン。茨城のトップ校、土浦第一は、24人（昨年）が21人に少し減少。その代わり水戸第一が6人から18人に大幅増となっています。

なお、この時点では前期のみの合格数なので、今後、後期の発表が加わりますから、東大合格者数は若干名動きます。また、国立大附属校の集計が間に合っていないので合格者数の順位も変動しますが大まかな人数や順位が大きく変わることはなく、公立高校からの東大合格者数に大きな変動はなかったといえます。

公立高校生の思考にある一浪してもいいじゃないか

一方、私立、中高一貫校のなかで高入生を比較的受け入れる開成は、トップの座こそ揺るぎませんが、今春は１４９人とこれまでの１７０人台から20名弱の減少です。おそらく、駒場東邦、聖光学院、栄光学園の中高一貫上位男子校が約10名ずつ積み増ししているのとトレードオフの関係になるのだと思います。一方、女子の私立中高一貫校では豊島岡女子学園が高校でも受け入れますが、こちらは27人が34人へと積み増ししており、このところ30人台をコンスタントに合格させています。中高別は不明ですが、開成同様、高入生も戦力となっているはずです。

ところで公立高校と私立高校での明らかな違いは現浪比率です。

すなわち、日比谷では現役19人に対し、浪人16人、県立浦和で現役13

森上《もりがみ》　展安《のぶやす》

森上教育研究所所長。1953年、岡山県生まれ。早稲田大学卒業。進学塾経営などを経て、1987年に「森上教育研究所」を設立。「受験」をキーワードに幅広く教育問題をあつかう。近著に『教育時論』（英潮社）や『入りやすくてお得な学校』『中学受験図鑑』（ともにダイヤモンド社）などがある。

人に対し浪人16人、西では現役11人に対して浪人18人、土浦第一は現役8人に対して浪人13人、県立千葉は現役10人に対して浪人11人、横浜翠嵐で現役11人に対して浪人10人、湘南で現役10人に対して浪人6人など、公立高校では、一浪して東大というムードが濃厚なのです。

私立中高一貫校では、浪人が少ないです。中学3年間の授業ぶんがすでに費用としてかかっていますからね。

逆に公立校生は「一浪して東大」なら、予備校費用をかけても、中高一貫校の中学校費用の3分の1のコストで済むうえ、高校の授業料も丸々無料の場合がほとんどです。

つまり、それだけ公立トップ高校は恵まれた条件の下に、こうした実態が生まれている、ともいえます。

費用の点もさることながら、一浪できる、というポイントは「クラブ活動や高校の教育課程中心の生活ができる」というメリットを公立高校は訴え、ＰＲすることになります。

新センター試験の狙いが高校のあり方を変えていく

まもなく中教審で結論が出る、新しい大学入試センター試験は現在の中2生くらいから実施されそうです。東大などの難関大で利用されるハイレベルの到達度テストは、高校生のいつ受けられ、どのような内容を持つものか、が焦点となっています。

ですが、公立高校のこうした実情が、新しいセンター試験が始まって、それに対応して変化するというのではそれこそ本末転倒になります。

むしろ新しいセンター試験が高校の授業内容をよく反映して、その授業の成果がよく現れるものになることが求められます。

ただ、新しいセンター試験が従来のままであれば、高校の教育内容がドンドン受験向きになってしまった、これまでの流れを変えることができないことになります。

その点で、新しいセンター試験が教科横断型か、適性試験型（従来の試験では評価できない能力を測る総合型）か、と例示された文部科学省案のようなものになれば、高校授業のいっそうの充実を促すものになるのでは、と期待されているわけです。

また、英語で見るように、外部の団体の資格テストを活用してよい、ということは、英語運用能力のうち、これまで「読む、書く」が中心だったものを、「書く」を充実させたり、「聞く、話す」を取り入れて評価することが可能になります。

このように評価方法を変えることは、すなわち、英語教育の現場を変えることにつながりますね。英語以外の他教科にとっても同じことです。

右記のような教科横断型や適性試験型が考えられる、というのも、知識一辺倒でない、知識をもとにした応用力をみよう、という考え方が基礎にあります。応用力とは現実の問題に対応する学力ですから、先ほどの英語運用能力と同じことですね。

大学入試は選抜試験ですから、どのような評価で選抜するか、という基準があり、それがこれまでのような客観的な知識量ではなく、問題への対応力となれば、いわば個人差、戦略差があってよいことになります。その意味で、客観的にスパッと線を引けるものではなく、問題解決の仕方が問われるわけです。ですから主観的なようであって、しかしそこには基礎的知識において誤りはないか、論理に整合性はあるか、などといった基準を設けて選抜していくことになります。

そういう新しいセンター試験になれば、公立高校からの一浪という、1年間の「受験対策費用と時間」はまったくなくならないまでも、かなり不要になると思います。

というのも、新しいセンター試験が狙っている内容に高校の授業でしっかり取り組むことになれば、高校3年間で十分身につくことになるうえ、逆に1年長くやったからといって大きく能力が向上するという性質のものではないでしょう。

つまり新しいセンター試験がどのようなものになるかにもよりますが、現在の議論のまま進めば、高校の授業が成果を決める、ということになります。

いつも東大合格者発表号の週刊誌は飛ぶように売れる、と聞いていますが、それが学校の評価だと思われているからです。じつはこれまではそれもさることながら、予備校の補助の力も大きいと考えられてきたのが現実です。例えばこうした記事の下には必ず塾・予備校の成果をうたったＰＲが載ってますね。

これが高校授業中心になる可能性が出て、浪人不要の可能性も出てきます。大学入試が高校の内容評価に直結するため、週刊誌はいま以上に売れるかもしれません。

首都圏
私立高校の
入試制度を見る

今回は首都4都県の私立高校入試制度をお伝えします。このところ埼玉、千葉、神奈川で、公立高校の入試制度が大幅変更されたため、この3県では私立高校も部分的ではありますが、入試制度の変更がなされています。ご兄姉の経験とは異なる部分もありますので、注意が必要です。

東京

推薦入試は受ける前に事前相談で合否がわかる

東京では、都立高校の入試制度のうち、推薦入試の制度変更が注目されていましたが、変更後も推薦入試の制度は残り、私立高校の入試制度も変わることはありませんでした。ただ、数年のうちに都立高校一般入試（学力検査を伴う入試）の制度が見直されることになっていますので、制度変更の情報には敏感であってほしいと思います。大きな変更があった場合には、私立高校の入試日程等にも影響があります。

さて、東京の私立高校は、入試日程や選抜方法などを各校が独自に決めています。

したがって、その内容はさまざまですが、都内の私立高校の入試は大きく分類すると、1月下旬に実施される「推薦入試」と、2月中旬に実施される「一般入試」に分けて実施されています。

●推薦入試

推薦入試は例年1月22日以降に実施されます。

学力試験（筆記試験）は課さず、おもに面接と調査書（内申）によって選抜される入試です。その私立高校に入りたい生徒が受ける入試で、公立高校も含め、他校との併願はできません（埼玉生、千葉生が併願可能なB推薦については後述）。

都内私立高校の推薦入試では、通常中学校の先生と高校の先生との間で行われる「事前相談」を経てから出願することになります。

「事前相談」は12月の中旬、各私立高校に中学校の先生が出かけて行って相談します。中学校の先生は、自校からその私立高校を志望している生徒の名簿と内申の一覧を携行し、1人ひとりについて推薦入試を受けることができるかどうか（合格の可能性があるかどうか）を相談するわけです。

この「事前相談」のベースとなるのが「推薦基準」で、事前に高校側から具体的な数値で示されます。

ほとんどの高校では「内申」を基準数値としています。基準数値は「9教科で○点以上、ただし1がないこと」や、「9教科で○点以上、その

うち5教科は○点以上」など、各教科5段階評価での合計数値で示されます。

事前相談で推薦基準をクリアしていればほとんど合格という学校が多いのですが、なかには推薦基準は出願のための最低ラインという学校（おもに難関校）もあり、基準数値の意味も学校によって違ってくるので注意が必要です。

また、推薦入試でありながら、受験生の学力を見極めるため「適性検査」を実施する学校も、なかにはあります。この場合の「適性検査」は、学力試験に近いもので、それなりの対策が必要です。

学力試験を課さないのが推薦入試なのですから違和感がありますが、学校側では「入学後のクラス分けのための調査目的」と説明しています。

このほか、B推薦と呼ばれる他校（私立・公立）と併願できる推薦制度を持つ学校がありますが、現在は埼玉・千葉在住の生徒が都内私立高校を第2志望とするケースだけが許されており、以前のように都内生や神奈川在住生が受けることはできなくなっています。

このように、ひと言に推薦入試といっても各私立高校でその制度・形態はさまざまですから、よく研究しておきましょう。

●一般入試

一般入試は例年2月10日以降に行われ、ほとんどの学校が国語・数学・英語の3教科の学力試験と面接での選抜となります。出願時に調査書も提出しますが、都立高校のように点数化をされることはありません。

一般入試では、併願優遇制度と呼ばれる制度を持つ学校があります。これは、公立高校が第1志望で、公立が不合格だったらその私立高校へ入学するという条件で受験する制度です。方法としては学力検査の得点に加算措置をしています。

併願優遇制度を使う場合も、基本的に中学校の先生と高校の先生との「事前相談」が必要となります。その際も内申基準をベースに相談がなされます。

一般入試では、加算措置のある併願優遇制度を利用して受験した方が有利です。

志望する高校で、どのような制度が実施されているのかよく調べておく必要があります。

埼玉

ほとんどが1月の入試で合格者が決定する制度に

埼玉県公立高校の入試制度改編の影響から、私立高校入試でも前期・後期の区分がなくなり、県内私立高校のほとんどが、従来の前期期間である1月入試で選抜を行っています。入試解禁日の1月22日以降、早い時期に入試が実施されるようになっているのです。

この期間に単願入試・併願入試ともに行われています。

多くの学校で学校推薦（おもに単願）や自己推薦（単願・併願）制度があり、内申による出願基準が設けられています。

埼玉では、単願・併願入試とも3教科の学力検査を実施する学校が多く、学力重視の選抜になっています。従来の後期期間（2月以降）に入試を設定している学校もなかにはありますが、募集枠は少なく2次募集的です。

埼玉県内の私立高校では、他都県の私立高校で行われる中学校の先生と高校の先生による「事前相談」（東京の項参照）はありません。

受験生・保護者自身が各校の学校説明会や個別相談会で、合格の見通しを聞くことになります。

●1月入試

前述の通り、埼玉県の私立高校では、1月入試のなかで「単願入試」も「併願入試」も行います。

併願入試では、公立1校のみ併願可能な学校と、制限なく併願可能な学校があり、合格後に一時金を納入すれば（不要の高校もあります）、公立の合格発表まで入学手続きを待ってくれます。また、併願入試だけで受験日を2～4回設定する高校もあります。

1月入試は、各高校の推薦基準を満たしている生徒が受験することができますが、中学校長の推薦が必要な「学校推薦」と、必要としない「自己推薦」があります。

これらの推薦を受けるために必要なのが「個別相談」です。前述していますが、埼玉県の私立高校では、他都県のような中学校の先生と私立高校が面談する事前相談を廃止しているため、各受験生、または保護者との個別相談が行われています。個別相談は学校説明会（10～12月）と同時に行われることが多く、受験生・保護者は成績表のコピーや模擬試験の結果、英検などの検定資格、表彰状のコピーなどを持参して、直接高校から合否の見通しを聞きます。

選抜方法は、単願入試、併願入試ともに大半の高校で学力試験が行われます。

高校によって、学力試験を重視する場合と個別相談で示された受験生の成績を重視する場合の2通りがあります。

1月入試では、上記のほかに特待生推薦・文化・スポーツ等特別推薦などを実施する高校もあります。

個別相談が実施されていることから、埼玉私立高校の1月入試は不合格者の少ない入試となっています。

●2月以降入試

埼玉県の私立高校の2月以降入試は、当日の学力試験によって合否が決まる実力勝負の試験です。しかし、1月入試で募集人数の大部分が決まっていることもあって募集人員は少なく、「単願入試」などの名称で公立入試合格発表日（来春は3月10日）以降に実施される入試もあるなど、他都県生向けや2次募集的な入試となっています。

千葉

前期選抜の期間中に推薦・一般を併行実施

千葉県内の私立高校は1月中旬に前期選抜、2月上旬に後期選抜が実施されますが、公立入試の一本化に伴い埼玉県同様、前期選抜に応募者が集中します。

前期選抜期間中に推薦入試（単願・併願）だけでなく、一般入試も実施されていることもこの傾向に拍車をかけ、前期募集のみしか実施しない学校もあります。

定員の8割以上を前期募集の人数とする学校がほとんどです。

●前期選抜

前期選抜は例年1月17日から始まり、推薦入試（単願・併願）と一般入試の両方が行われます。

推薦入試では、学校推薦のほかに自己推薦制度を実施する学校もあります。学校推薦は中学校長の推薦書が必要で、おもに面接と調査書、作文などで選抜されます。

しかし、最近では学校推薦であっても学力試験を実施する学校も増えてきています。それらの学校では推薦といっても不合格となる場合があります。

学校推薦では、12月中旬に、中学校の先生がその私立高校を受験予定の生徒の成績表を持って私立高校に出向き、1人ひとりの合格の可能性を相談する事前相談があります。

その内容は東京と変わりませんが、入試相談の基準は、あらかじめ私立高校から「単願なら9科○点以上、併願なら○点以上」などと中学校側に通知されていて、その基準をもとに11月に三者面談が行われていますから、学校推薦については、三者面談の段階で大半の私立高校の合否はほぼわかってしまうと言っても過言ではありません。

事前相談での対応は私立高校によってさまざまですが、学校推薦への答えとして「ほぼ合格内定」をしてくれる学校や、入試の点数に「加点してくれる」学校など、いずれにしてもかなり有利に受験できることになります。

前期選抜のうち自己推薦や一般入試は、学力試験が実施され、実力勝負の選抜となっています。学力試験を実施する学校は、ほとんどが3教科です。学校によって入試制度は異なりますが、同じ学校でも科やコースによって入試内容が異なる場合があります。

また、1月17日もしくは18日の両日に前期募集の試験日を設定する学校が多いため、各校の試験日が重複しますので要注意です。

●後期選抜

後期選抜は例年2月5日以降に実施されますが、千葉の私立高校入試は前期選抜が主体となり、後期選抜は規模が小さく2次募集的です。入試は3教科の学力試験と面接で行われる学校がほとんどです。

人気校では、前期選抜で不合格となり後期選抜でリベンジを狙う受験生が集中する場合があり、もともと募集人員が少ない入試となっていますので高倍率になることがあります。

神奈川

入試日程がタイトなため「書類選考」が増加へ

神奈川県の公立高校は2013年度入試から、前期・後期制を廃して1本化され、入試日程も2月中旬へと遅くなりました。このため私立高校の入試制度・日程も、その影響を受けて変化しています。

神奈川県内の私立高校は各校で入試制度を設けていますが、大きく分類すると、1月下旬に実施される「推薦入試」と2月中旬に実施される「一般入試」に分けられます。

●推薦入試

例年1月22日から始まる神奈川県内私立高校の推薦入試は、学力試験はなく、調査書と面接や作文での選抜となります。

推薦入試は第1志望者を対象としており、他の公立・私立高校を併願することはできません。

この推薦入試は他都県同様、事前確約型で、願書提出前の12月中旬に、中学校と私立高校の間で「事前相談（入試相談）」が行われ、合格の可能性が高校側より示されます。

その時点で、その高校の推薦基準を上回っていれば合格が内定します。ですから、この事前相談が「事実上の入試選抜」ということになります。この事前相談の機会を逃すと、「成績は足りているから」とあとから申し出ても、受験が難しくなります。注意したいところです。

「推薦基準」は、ほとんどの高校では「内申」を基準数値としています。東京や千葉の項でも述べましたが、「9教科で○点以上、ただし1がないこと」や、「9教科で○点以上、そのうち5教科は○点以上」などの数値となります。

ただ**慶應義塾**など難関校では、推薦基準の数値は出願のための最低ラインという学校もありますのでよく調べましょう。

なお、2012年度入試まで行われていた「推薦Ⅱ」（公立高校の前期選抜〈推薦入試〉とのみ併願が可能でした）という制度は廃止されています。

●一般入試

ほとんどの学校が国語・数学・英語の3教科の学力試験と面接での選抜となります。調査書も提出しますが、公立高校のように点数化はされません。

この一般入試のなかで「他の高校を受験しない」ことを条件に、「専願優遇制度」を実施している学校も多くあります。各高校が定めた成績基準をクリアしていれば合格を確約してもらえます。学力試験は行われますが、基本的には合格が保証されます。専願は「単願」と呼ばれることもあります。

「専願優遇制度」では、推薦入試と同じように中学校の先生と高校の先生との「事前相談」が必要となります。その際も高校側の成績基準が合格ラインです。

また、出願時に中学校の調査書を必要としないオープン入試を実施している学校もあります。オープン入試は、私立高校・公立高校ともに併願することが可能で、合格すれば、志望するどちらの高校にも入学できます。

オープン入試は、当日の入試結果（学力試験の得点）のみで合否を決定し、調査書の基準は加味しない制度です。遅刻・欠席が多かったり、1教科が不得手など、調査書では不利な受験生には魅力のある制度です。また、学力試験のみで選抜しようとする難関校ではオープン入試しか実施しない学校もあります。

さて、一般入試は2月10日から始まります。

2014年の場合、公立高校入試が2月14日からでした。つまり、私立高校は翌日から3日の間に合格発表をしなければ、受験生が安心して公立高校受検に向かえないという事態となり、かなり慌ただしいスケジュールを強いられました。

そこで、存在感を増したのが「書類選考」入試でした。

「書類選考」入試は事前に志願票、調査書、作文などを提出することのみで合否判定するもので、受験生はその学校に足を運ぶ必要がありません。つまり、一般入試でありながら学力試験などいわゆる入試を受ける必要がないのです。

学校側も、慌ただしい入試日程のなかでの負担が軽減されることから、多くの学校が採用に動きました。現在の公立入試とのタイトな日程が続く限り、来春以降も採用校が増えていくことが考えられます。

もともと「書類選考」は、**法政二**と**法政女子**が第1志望者向けに始めた制度で、この2校はいまでも推薦入試と変わりのない制度となっています。

神奈川は公立進学志向が強く、公立入試の日までに滑り止め校である私立高校の合格を決定しておきたい受験生心理が働きます。各私立高校はその要望に応えた制度・日程を準備する必要があります。

この背景を理解しておけば、一般入試のなかに「専願優遇制度」があったり、「オープン入試」や「書類選考」が制度として出現してくることもうなずけると思います。

2014年度 神奈川県 公立高校入試結果

安田教育研究所 代表 安田 理

2013年度に大きく変更されてから2度目の神奈川県公立高校入試。全日制の平均実倍率は1・18倍で、変更後初年度の1・17倍をわずかに上回りました。2倍以上の実倍率になったのは市立横浜商業の国際学科（2・06倍）だけで、普通科では横浜翠嵐1・76倍が前年に続き、最も高い学校でした。

安全志向が高いなか 上位校の人気が復調

入試機会が一本化されてから2年目の2014年度は、5万1932人が受検し、4万3849人が合格。受検後取り消した391人を除いた平均実倍率は1・18倍でした。

初年度の2013年度は、4万9971人が受検し、4万2513人が合格、平均実倍率は1・17倍でした。2012年度の前期2・06倍、後期1・40倍より緩和しましたが、制度変更初年度への不安感から私立希望が増えていました。

2年目の2014年度は初年度の敬遠傾向から一転、公立志望の割合増が予想されながら、わずか0・01ポイントの上昇に過ぎませんでした。さほど実倍率が上昇しなかったおもな要因としては2つ考えられます。

まず、中学校卒業予定者増に対応した臨時募集増の割合が高かったこと。神奈川では全日制高校を希望する割合は高いですが、実際に進学する割合は高くない状況が数年続いています。

そのため、2年前から全日制高校への進学率を上げるために公立高校の特別枠を設け、募集数を増やしています。2014年度も中3人口が増加しましたが、公立高校の募集増はその割合を上回っていました。

もう1つは、実倍率が緩和しても入試機会の一本化による不安感が根強いことでしょう。公立志望が増えれば私立志望は減少するはずですが、実際には私立を志望する受験生の割合はさほど下がっていません。

その背景には公立中学校の進路指導で安全志向が強まっていることもありそうです。確実に合格できそうな高校しかすすめられないケースが増え、受験生がチャレンジしづらい状況が広がっているようです。

このような傾向は1年おきに上下動する隔年現象と関係なく今後も続くかもしれません。

学科別では、普通科が1・15倍から1・18倍に上昇、前年1・20倍と高かった専門学科が1・13倍に緩和しました。2年連続で最も高かったのは単位制専門学科の1・31倍で、前年の1・30倍とほぼ同じでしたが、**市立横浜サイエンスフロンティア（YSF）**の理数科は1・67倍か

ら1・46倍に緩和しました。

難関校では横浜翠嵐、横浜緑ヶ丘、ＹＳＦが実倍率トップ3

普通科の実倍率上位10校のうち、7校を学力向上進学重点校が占めました。難関上位校で倍率が高かったのは**横浜翠嵐**の1・76倍、**横浜緑ヶ丘**1・47倍、**ＹＳＦ**（理数科なので表にはありません）1・46倍、**湘南**1・45倍。前年のトップ3は**横浜翠嵐**、**湘南**、**ＹＳＦ**で、いずれも大学合格実績のよさが人気を呼んでいるのでしょう。今後もこの3校が高倍率上位校を占める可能性が高いです。

中学校卒業予定者が1522人増えたのに対応し、臨時に募集数を1200人増やしたうちには、**横浜翠嵐**、**柏陽**、**川和**、**光陵**、**希望ヶ丘**、**横浜国際**の学力向上進学重点校6校も含まれています。

県内トップ校の**横浜翠嵐**は定員40人増に対し153人増の753人が受検、実倍率は前年の1・61倍から1・76倍に上昇しました。受検後取消者も27人増の107人だったため、受検倍率の2・10倍から下がったものの普通科では2年連続でトップ。前年に1・50倍以上の普通科高校は4校ありましたが、2014年は**横浜翠嵐**しかありませんでした。

横浜市内の学力向上進学重点校で唯一増員しなかった**横浜緑ヶ丘**も倍率は下げたものの順位は上げています。前年、定員割れした**追浜**や倍率が低かった**光陵**が上昇したものの、ほかの増員した学力向上進学重点校は緩和しています。

普通科以外では**市立横浜商業**（国際学科）2・06倍、**弥栄**（国際科）1・69倍、**川崎市立橘**（国際科）1・49倍や**生田**（普通科自然科学コース）1・69倍、**市立川崎総合科学**（科学科）1・50倍、**ＹＳＦ**（理数科）1・46倍など国際科や理数系の人気がめだちました。

2014年度実倍率上位10校（普通科）

1位	横浜翠嵐	1.76倍
2位	川崎市立橘	1.48倍
3位	横浜緑ヶ丘	1.47倍
4位	湘南	1.45倍
5位	光陵	1.42倍
	横浜市立桜丘	1.42倍
7位	川和	1.41倍
8位	多摩	1.39倍
9位	追浜	1.38倍
10位	大船	1.36倍

2014年度受検者数最多10校

1位	横浜翠嵐	753人
2位	湘南	578人
3位	市ヶ尾	530人
4位	川和	516人
5位	海老名	492人
	大船	492人
7位	住吉	468人
	新羽	468人
9位	元石川	466人
10位	秦野	459人

横浜翠嵐が受検者数受検後取消数とも最多

受検者数上位10校でも**横浜翠嵐**がトップ。定員増が人気を呼び、上位生が集中した結果、倍率も上昇しています。前年まで2年連続首位だった**湘南**が2位ですが、その差は大きく開き175人。2015年は中学校卒業予定者が減るため、**横浜翠嵐**は定員を元に戻す可能性が高く、反動で応募者を減らすことになれば、**湘南**が再びトップになることも考えられます。

また、受検後取り消しが前年の356人から391人に増えましたが、**横浜翠嵐**が27人増の107人。全体の3割近くを占めました。**湘南**は76人から53人に減らしましたが2番目に多く、**柏陽**21人、**ＹＳＦ**11人、**川和**10人、**厚木**9人、**市ヶ尾**9人と続きます。

いずれも難関大学附属の国私立高校に合格した併願者が辞退しているケースが大半を占めています。これには、公立の入試日が前年より1日早まったことも影響しました。

全日制で定員割れをした高校は7校で35人。前年の23校180人を大きく下回りました。新制度2年目で受検生が分散した結果でしょう。

2015年度は？

新制度で3年目を迎える2015年度入試でも全体の平均実倍率は大きく変わらなそうです。

2014年度に人気の高かった反動で多少緩和する高校はあっても、難関上位校の応募者数はそう大きく減らないでしょう。また、減ってもそれはチャレンジ層なので、難度が下がることはないと見るべきです。

難関上位校の場合、大学合格実績が人気を左右します。今春の東大前期の合格実績では**横浜翠嵐**が17人から21人と3年連続で増やし、**湘南**も14人から16人に増やしました。次年度以降も両校が人気の中心になるのは間違いないでしょう。**柏陽**4人、**ＹＳＦ**3人が続いています。

2015年度は中学卒業予定者数が減少する見込みです。中3人口の変動に応じて公立高校の募集数も変化するので、複数校が定員を削減することになります。2014年度は**横浜翠嵐**をはじめ学力向上進学重点校での増員がめだちました。増員校が元に戻せば、それだけ狭き門になります。どのような高校で募集数を減らすのかも注目されます。

知っておきたい高校入試用語辞典 下

このページは、高校入試に向かう受験生とその保護者のために「高校入試の基礎知識」をお伝えするコーナーです。そのスタートにあたって、前回に続き、高校入試用語辞典をお届けします。これからの受験生活のなかで、ちょっと意味がわからないという言葉が出てきたら、このページを見直してみてください。

特別選考

特別選考を実施する都立高校では、一般入試の定員の2割または1割を、各校ごとに定めた「特別選考における選考資料」に基づいて選考している。選考資料の内容は「学力検査のみ」「調査書と学力検査」、「調査書・学力検査・面接」などさまざまだが、近年では「学力検査」の得点のみで選考する学力重視型の学校が多くなっている。

半進学校

進学校的な大学附属校をこう呼ぶ。大学附属校でありながら、系列の大学以外の大学への進学志望者が多く、そのための受験体制も整っている高校のこと。

「半附属校」という言い方も同じ意味となる。

評価

高校入試で扱われる中学校からの調査書のなかに、「各教科の学習の記録」という欄があり、観点別の学習状況の評価がABCの3段階で記されている。

例えば国語の観点別では「言語についての知識・理解・技能」「読む能力」「書く能力」「話す・聞く能力」「国語への関心・意欲・態度」の5観点となっている。都立高校の推薦入試では、調査書のうち、この観点別学習状況の評価（37観点ABC）、または後述の評定のどちらかを、各校がそれぞれ選んで選抜の資料としている。

評定

9教科に対する5段階評価。調査書のなかに、各教科の学習の記録が記載されている。そこに評定欄があり、1~5の5段階で各教科の点数が記入される。これを評定点（内申点）と呼ぶ。5点×9教科で45点満点。

部活動加入率

在校生徒のうち、どれくらいの生徒が部活動に加入しているのか、その割合。学校全体の加入率のことだが、なかには学年ごとの加入率を示す学校もある。

部活動推進指定校

都立高校のなかで、部活動をより

盛んにし、特色ある学校づくりを進めていく高校として指定されている学校。地域や他校との連携、外部指導員の活用、用具・器具の充実が図られている。

プログレス

各地にキリスト教系の学校を設立したイエズス会の宣教師であったフリン牧師が編纂《へんさん》した英語のテキスト『PROGRESS IN ENGLISH』（㈱エデック発刊）のこと。現在多くの私立高校で採用されている。

文化・スポーツ等特別推薦

文化やスポーツなどで優れた能力を持つ生徒を対象とした特別推薦制度。志願者は特別推薦を実施する学校の種目等から1種目を指定し出願する（別途一般推薦にも出願できる）。各校は自校の教育活動の実績や特色などに基づいて基準を定め、面接、実技検査等で総合的に合否判断する。

分割募集

あらかじめ募集人数を前期と後期の2回に分けて選抜を行う制度。都立高校では、分割前期募集は第一次募集と同じ検査日程、分割後期募集は第二次募集と同じ検査日程で行われる。分割後期募集の募集数は全体の2割程度として各校が定める。

併願

受験日の異なる2校以上の高校に出願すること。第2志望以降の学校を併願校と呼ぶ。現在、首都圏の高校受験では、1人2～3校の併願が平均的。

併願優遇制度

私立高校の一般入試で、おもに公立高校を第1志望とし、公立高校が不合格だった場合、その私立高校へ入学するという条件で受験する制度。高校側の提示する条件（内申基準）をクリアしていれば、合格率は高くなる。

偏差値

学力のレベルが一定の集団のなかで、どのくらいの位置にあるのかを割り出した数値。あくまでも目安の1つ。

模擬試験を受け、自分は同学年の受験者全体のなかで、どのくらいの学力位置にあるのか、また、志望校に合格するためにはどのくらいの学力レベルが必要なのかを知ることができる。通常、25～75の数値で示される。

ボーダーライン

合格者の最低点が総得点の何％になるかを計算したもの。入試でどのくらいの得点を取れば合格可能なラインに達するのかを知る目安になる。ただし、受験者の学力レベル、入試問題の難易などにより毎年変化するので、過去問を解く際には、その入試年のボーダーラインを確認すること。

募集要項

各校が発行する「生徒募集に必要な事項」を記載したもの。

募集人員、出願期間や試験日、試験科目、受験料、合格発表日、入学手続きとその費用などの情報が記されている。

マークシート方式

試験の解答を文章記述するのではなく、選択肢のなかから正しいものを選び、その番号をマークシート上で塗りつぶす方式。志願者が多い高校では、採点時間短縮のため入試の答案をコンピュータ処理しているため、この方法がとられている。

面接

受験生の日常や性格などのほか、受験した学校の校風や教育方針を理解しているか、また、入学への意欲などを知るために行われる。学校によっては面接をかなり重視するところもある。面接形態は受験生のみや、保護者のみ、保護者と受験生などがある。面接方法も、個別面接、グループ面接などがある。

模擬試験

「高校入試」に模した試験。試験を受ける人数が多いほど結果の信頼性が高い。結果は偏差値という数値で示される。受験生の偏差値と学校の偏差値を見比べることで、合格可能性を探ることができる。

リスニングテスト

おもに英語の入試で実施される聞き取り試験。首都圏の国・私立校でリスニングテストを導入しているおもな高校は、東京学芸大附属・青山学院・慶應義塾女子・日本女子大附属・海城・開成・早稲田実業など。また、千葉県公立高校入試では英語のほかに、国語の聞き取り検査も実施されている。

3月号の答えと解説

問題　ワードサーチ

リストにある英単語を、下の枠のなかから探し出すパズルです。単語は、例のようにタテ・ヨコ・ナナメの方向に一直線にたどってください。下から上、右から左へと読む場合もあります。また、１つの文字が２回以上使われていることもあります。パズルを楽しみながら、「**学校生活**」に関する単語を覚えましょう。

最後に、リストのなかにあって、枠のなかにない単語が１つだけありますので、それを答えてください。

S	C	H	O	L	A	R	S	H	I	P	A
F	O	N	G	S	E	N	I	O	R	D	I
E	K	L	A	H	C	A	X	O	N	R	C
A	X	F	C	L	S	J	M	U	O	O	T
Q	R	A	O	A	L	O	E	C	I	S	L
B	E	I	M	P	T	E	R	M	T	S	P
T	C	T	J	I	T	E	C	B	A	E	S
E	N	C	O	C	N	R	G	T	C	F	U
K	A	N	D	N	E	A	H	Y	U	O	B
D	R	X	O	I	D	S	T	A	D	R	J
U	T	M	C	R	U	E	W	I	E	P	E
R	N	L	V	P	T	R	U	B	O	I	C
B	E	T	A	M	S	S	A	L	C	N	T

【単語リスト】

break（小休止・休み時間）	eraser（消しゴム・黒板消し）	professor（教授）	subject（科目）
chalk（チョーク）	examination（試験）	promotion（進級）	teacher（教師）【例】
classmate（同級生）	lecture（講義）	scholarship（奨学金）	term（学期）
coeducation（共学）	note（メモ・注）	senior（先輩・最上級生）	
entrance（入学）	principal（校長）	student（学生）	

解答　break

解説

解答以外の単語は図の位置にあります。

「**学校生活**」に関する熟語も少しあげておきます。

- **学校に行く**　go to school
  - ＊I go to Sakura junior high school.（私は桜中学に通っています）
- **学校を欠席する**　be absent from school
- **学校に遅刻する**　be late for school
- **～が得意だ**　be good at ～
- **質問に答える（問題を解く）**　answer the question
- **宿題をする**　do one’s homework
- **眠くなる**　become(get) sleepy
- **挙手する**　raise one's hand
- **空欄を埋める**　fill in the blank
- **ボードに書く（消す）**　write(erase) on the board
- **間違いを直す**　correct the mistake
- **単語を辞書で調べる**　look up the word in the dictionary

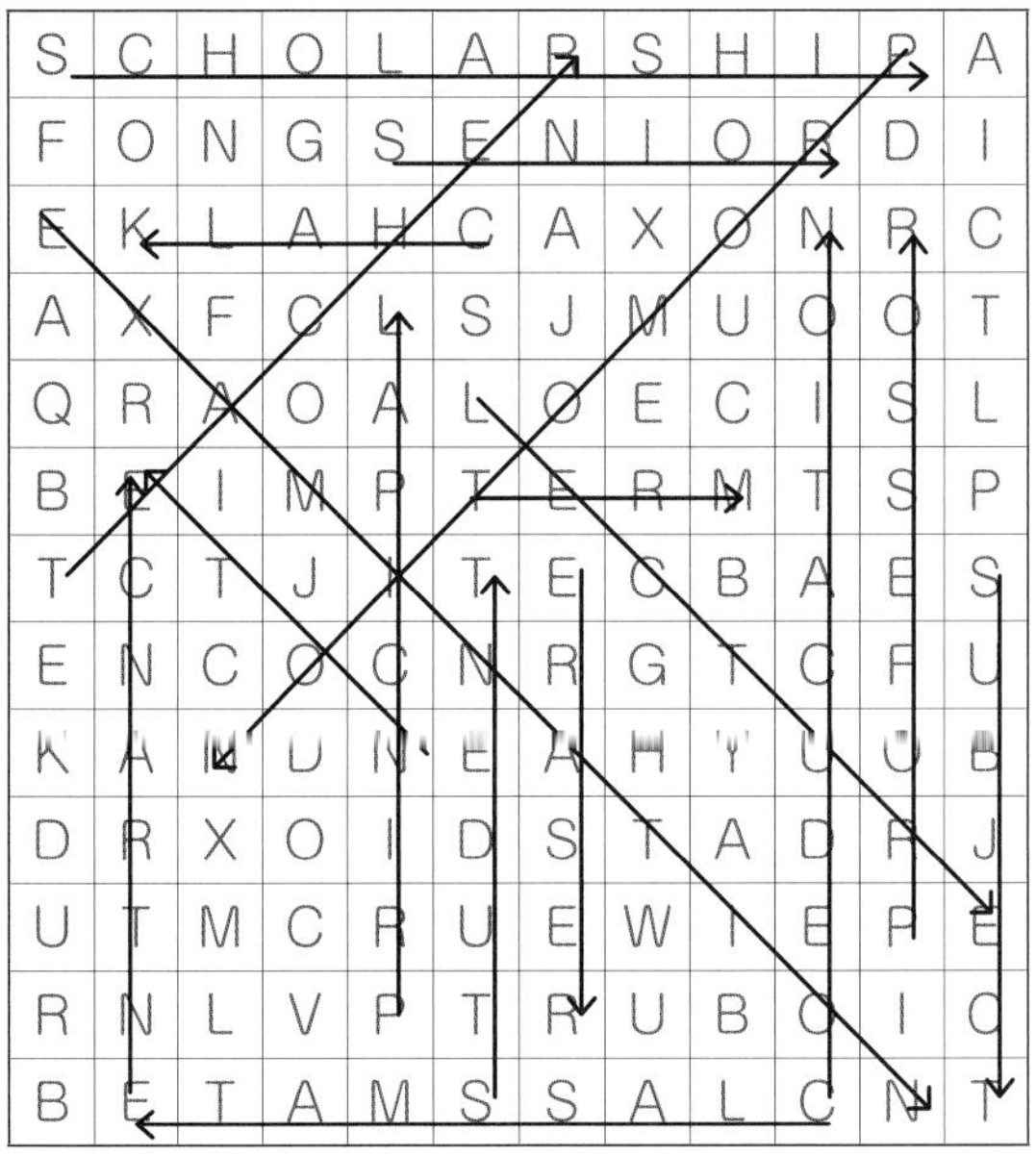

まだまだいくらでもありますが、身近なことから単語や表現を覚えていくことは有効な勉強法です。日常の学校生活で疑問に思ったことは、どんどん調べたり、先生に質問したりして英語の力を身につけていきましょう。

中学生のための

学習パズル

今月号の問題

熟語パズル

交差点、平均点などのように、○○点という三文字熟語を集めてみました。それぞれのヒントを参考に、リストの漢字を○に当てはめて16個の○○点を完成させましょう。最後に、リストに残った4つの漢字でできる四字熟語を答えてください。

1 ○○点（互いに歩み寄っておりあいのつくところ）
2 ○○点（誤って自陣にゴ～ル！）
3 ○○点（いま現在）
4 ○○点（ここは北緯90度）
5 ○○点（物質が空気中で自然に燃え始める最低温度）
6 ○○点（根や茎の先端にあって活発な細胞分裂を行っている）
7 ○○点（物体に対して力が働く点。支点、力点とこれ）
8 ○○点（「ぱ・ぴ・ぷ・ぺ・ぽ」の右肩につく「゜」）
9 ○○点（ゴール、または、競技の勝利を決める得点）
10 ○○点（道路や物事の分かれ目）
11 ○○点（多くの男性のなかの、ただ１人の女性）
12 ○○点（「。」と「、」のこと）
13 ○○点（似通ったところ）
14 ○○点（ここから右は、1より小さい）
15 ○○点（よく聞いたり確かめたりしないで、わかったつもりになる）
16 ○○点（２つ以上のもののどれにも当てはまる）

【リスト】

意	一	火	岐
気	共	協	極
句	決	現	紅
合	作	殺	似
時	自	勝	小
衝	数	成	早
妥	濁	長	通
天	読	発	半
分	北	用	類

3月号学習パズル当選者

全正解者37名

萩原　詩菜さん（神奈川県川崎市・中２）
池沢　美温さん（東京都東久留米市・中1）
神崎　　空さん（千葉県船橋市・中1）

応募方法

●必須記入事項

01　クイズの答え
02　住所
03　氏名（フリガナ）
04　学年
05　年齢
06　右のアンケート解答
「こども展」「法隆寺展」「超絶技巧！明治工芸の粋」（詳細は73ページ）の招待券をご希望の方は、「○○招待券希望」と明記してください。

◎すべての項目にお答えのうえ、ご応募ください。
◎ハガキ・ＦＡＸ・e-mailのいずれかでご応募ください。
◎正解者のなかから抽選で３名の方に図書カードをプレゼントいたします。
◎当選者の発表は本誌2014年７月号誌上の予定です。

●下記のアンケートにお答えください。

A今月号でおもしろかった記事とその理由
B今後、特集してほしい企画
C今後、取り上げてほしい高校など
Dその他、本誌をお読みになっての感想

◆2014年5月15日（当日消印有効）

◆あて先

〒101-0047　東京都千代田区内神田2-4-2
グローバル教育出版　サクセス編集室
FAX：03-5939-6014
e-mail:success15@g-ap.com

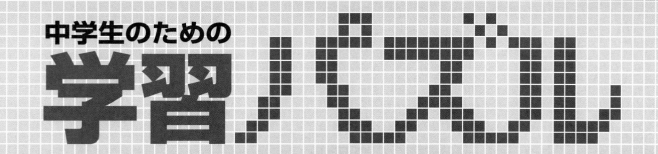

こ挑戦!!

横《よこ》須《す》賀《か》学《がく》院《いん》高等学校

問題

図のように，底面が正方形の正四角すいがあり，すべての辺の長さが4である。辺ＡＥ，ＡＤの中点をそれぞれＰ，Ｑとする。この立体を4点Ｐ，Ｂ，Ｃ，Ｑを通る平面で切るとき，次の各問いに答えよ。

(1) ＣＱの長さを求めよ。

(2) 四角形ＰＢＣＱの面積を求めよ。

(3) 切り取った立体のうち，点Ｄを含む立体の体積を求めよ。

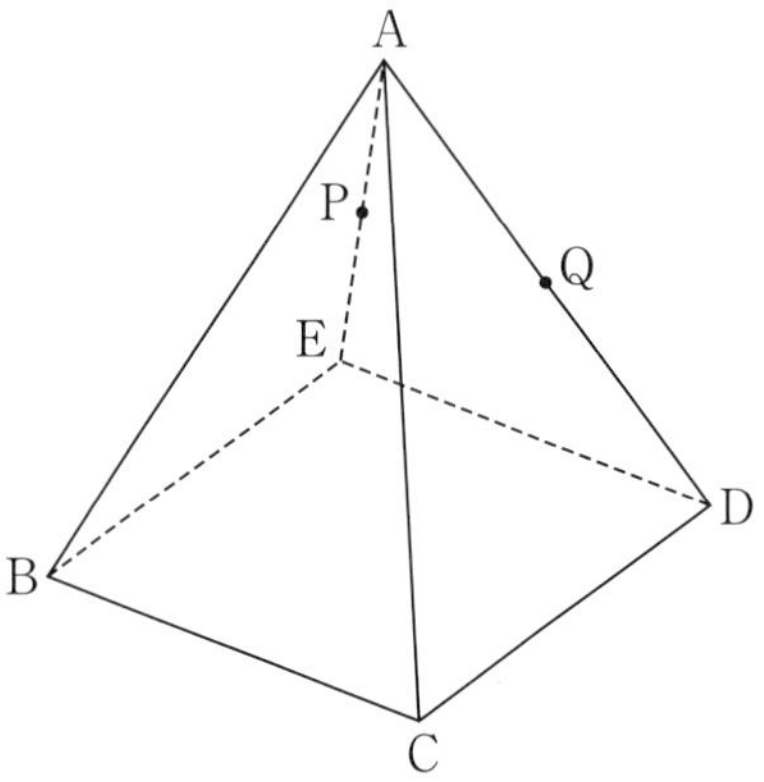

解答 (1) $2\sqrt{3}$ (2) $3\sqrt{11}$ (3) $\frac{20\sqrt{2}}{3}$

- 神奈川県横須賀市稲岡町82
- 京浜急行線「横須賀中央駅」徒歩10分、JR横須賀線「横須賀駅」徒歩18分またはバス
- 046-822-3218
- http://www.yokosukagakuin.ac.jp/

夏休み学校見学会
8月13日（水）～15日（金）
10：00～11：30／13：00～14：30

文化祭（入試相談コーナーあり）
9月20日（土）　9：00～15：00

オープンデー（授業・部活体験、入試説明会）
11月3日（月・祝）　10：00～15：00
※授業・部活体験は要予約

学校案内日
11月22日（土）　10：00～11：30
　　　　　　　　13：30～15：00
11月29日（土）　13：30～15：00
12月6日（土）　10：00～11：30

流《りゅう》通《つう》経《けい》済《ざい》大《だい》学《がく》付《ふ》属《ぞく》柏《かしわ》高等学校

問題

次の１～３の条件で，連絡網を作ることになった。

条件１．はじめは担任の先生が２人の生徒に電話をかける。
　　２．連絡を受けた生徒は，１人または２人に電話をかける。
　　３．電話を切ったらすぐ次の人にかける。
ただし，電話をかけ始めてから連絡を伝えて切るまでちょうど１分かかるものとし，次の人に電話をかけるまでの時間は考えないものとする。

このとき次の問いに答えなさい。

(1) 図１のように，６人の生徒Ａ，Ｂ，Ｃ，Ｄ，Ｅ，Ｆの連絡網を作り，実際に連絡を回した。○内の数字は担任が連絡網を回し始めてから，その生徒に連絡を伝え終わるまでにかかった時間を表している。
　Ｄに連絡が伝わるまでには，まず担任がＡに連絡を伝え，ＡがＣに連絡を伝えた後に，ＡがＤに連絡を伝えるため３分かかった。よって，Ｄの下には③と書いてある。

　Ｆに連絡が伝わるまでには［ア］分かかった。

(2) 図２のような形で６人の生徒の連絡網を作った。
　電話をかける順番を工夫すると，全員に連絡が伝わるまでの最短時間は［イ］分になる。

　また，最長時間は［ウ］分になる。

図１

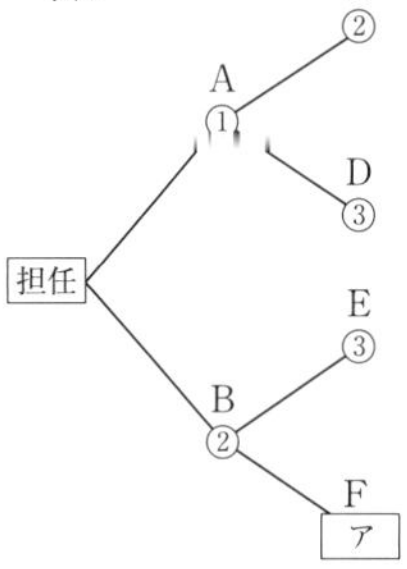

図２

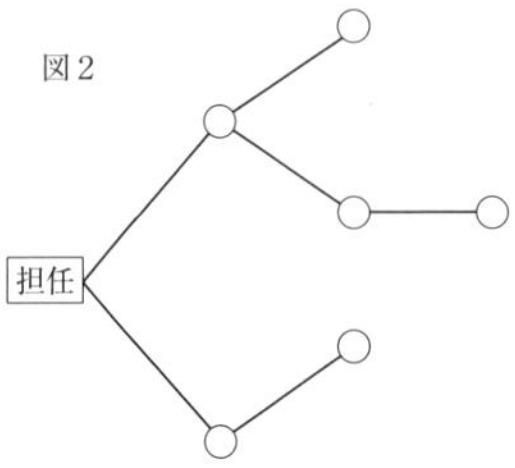

解答 ア：4　イ：3　ウ：5

- 千葉県柏市十余二1-20
- 東武野田線「江戸川台駅」・つくばエクスプレス線「柏の葉キャンパス駅」スクールバス
- 04-7131-5611
- http://www.ryukei.ed.jp/

学校説明会　要電話予約
7月30日（水）10:00～11:30
8月29日（金）10:00～11:30
9月20日（土）10:00～11:30
10月11日（土）10:00～11:30
11月8日（土）10:00～11:30
11月15日（土）10:00～11:30
11月22日（土）10:00～11:30
11月29日（土）10:00～11:30
　　　　　　　13:30～15:00

流輝祭
9月27日（土）12:00～15:00
9月28日（日）9:30～15:00

私立高校の入試問題

京《けい》華《か》高等学校

■ 東京都文京区白山5-6-6
■ 都営三田線「白山駅」徒歩３分、地下鉄南北線「本駒込駅」徒歩８分、地下鉄千代田線「千駄木駅」徒歩18分
■ 03-3946-4451
■ http://www.keika.ed.jp/

問題

下の図のような，ＡＢ＝２㎝，ＢＣ＝３㎝，ＡＥ＝６㎝の直方体ＡＢＣＤ-ＥＦＧＨがある。直方体の対角線ＡＧと頂点ＢからＡＧに引いた垂線の交点をＰとする。

次の各問いに答えよ。

(1) 対角線ＡＧの長さを求めよ。

(2) 線分ＡＰの長さを求めよ。

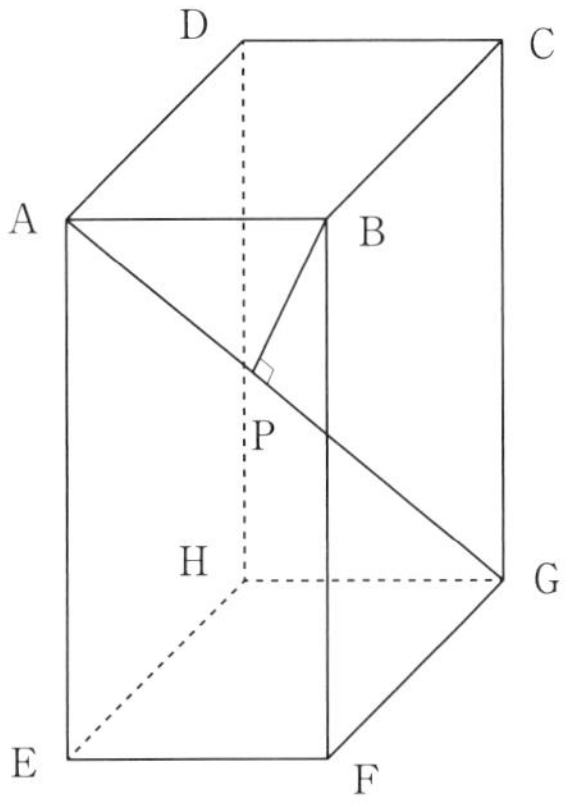

解答 (1) 7㎝ (2) $\frac{4}{7}$㎝

東《とう》海《かい》大《だい》学《がく》付《ふ》属《ぞく》相《さ》模《がみ》高等学校

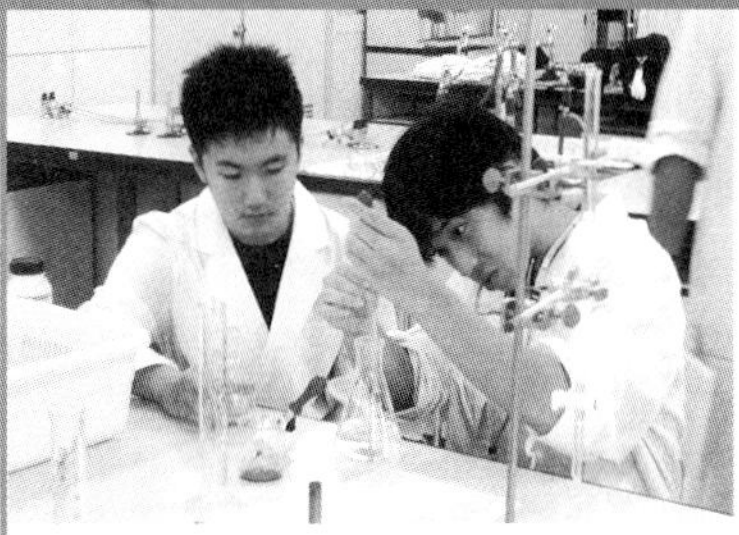

■ 神奈川県相模原市南区相南3-33-1
■ 小田急小田原線「小田急相模原駅」徒歩８分
■ 042-742-1251
■ http://www.sagami.tokai.ed.jp/

問題

図のように，２つの関数$y=x^2$…①，$y=ax^2$…②のグラフと直線ℓがあります。ℓは原点Ｏを通り，ℓと①，②のグラフとの交点のうち，Ｏでない方をそれぞれＡ，Ｂとします。２点Ａ，Ｂのx座標がそれぞれ１，－２であるとき，次の各問いに答えなさい。

(1) aの値を求めなさい。

(2) ②の関数について，xの変域が$-3 \leqq x \leqq 2$のとき，yの変域を求めなさい。

(3) ①のグラフ上に，y軸に関して点Ａと対称な点Ｃをとります。このとき，点Ｃを通り，△ＡＢＣの面積を２等分する直線の式を求めなさい。

(4) ①のグラフ上に２点Ｐ，Ｑをとり，②のグラフ上に２点Ｒ，Ｓをとって，正方形ＰＱＲＳを作ります。ただし，線分ＰＱはx軸に平行で，点Ｐのx座標は正とします。このとき，点Ｐの座標を求めなさい。

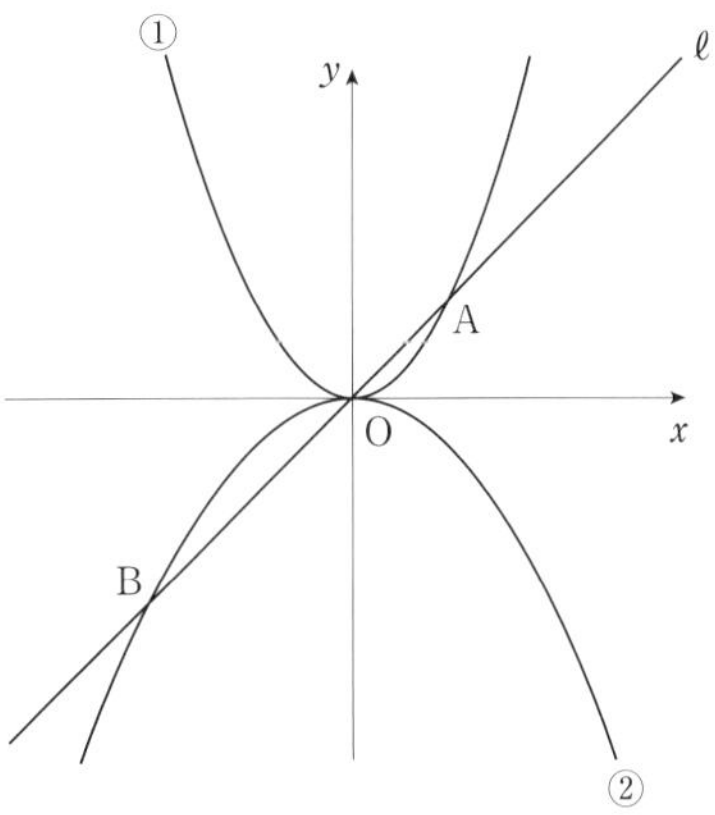

解答 (1) $a=-\frac{1}{2}$ (2) $-\frac{9}{2} \leqq y \leqq 0$ (3) $y=-3x-2$ (4) $\left(\frac{4}{3}, \frac{16}{9}\right)$

学校説明会
10月19日（日）10：00
11月８日（土）10：00
11月22日（土）10：00

建学祭（文化祭）
10月４日（土）９：00
10月５日（日）９：00

体育祭
10月９日（木）９：30

Success Ranking

東京大合格者ランキング

今月号は、東京大合格者ランキング（３月10日現在、数字は既卒者含む）だ。今年度も全国１位は開成。以下２～４位の順位は変わらなかったが、５位には昨年９位の駒場東邦がランクアップして入ってきた。みんなの志望校はどうかな？

東京大合格者数（前期）全国

順位	学校名	人数
1	**○開成（東京）**	**149**
2	○灘（兵庫）	100
3	◆筑波大附属駒場（東京）	99
4	○麻布（東京）	80
5	○駒場東邦（東京）	73
6	○聖光学院（神奈川）	70
7	○桜蔭（東京）	62
7	○栄光学園（神奈川）	62
9	◆東京学芸大附属（東京）	50
10	○渋谷教育学園幕張（千葉）	45
11	○海城（東京）	38
11	○ラ・サール（鹿児島）	38
13	○久留米大附設（福岡）	36
14	◇都立日比谷（東京）	35
15	○豊島岡女子学園（東京）	34
16	○浅野（神奈川）	33
17	○東大寺学園（奈良）	30
18	◇県立浦和（埼玉）	29
18	◇都立西（東京）	29
20	◇県立岡崎（愛知）	27

※◆国立、◇公立、○私立

東京大合格者数（前期）首都圏

順位	学校名	人数
1	**○開成（東京）**	**149**
2	◆筑波大附属駒場（東京）	99
3	○麻布（東京）	80
4	○駒場東邦（東京）	73
5	○聖光学院（神奈川）	70
6	○桜蔭（東京）	62
6	○栄光学園（神奈川）	62
8	◆東京学芸大附属（東京）	50
9	○渋谷教育学園幕張（千葉）	45
10	○海城（東京）	38
11	◇都立日比谷（東京）	35
12	○豊島岡女子学園（東京）	34
13	○浅野（神奈川）	33
14	◇県立浦和（埼玉）	29
14	◇都立西（東京）	29
16	○巣鴨（東京）	26
16	○早稲田（東京）	26
18	◆筑波大附属（東京）	25
19	○女子学院（東京）	24
20	○桐朋（東京）	22

ご提案型の教育旅行会社って？

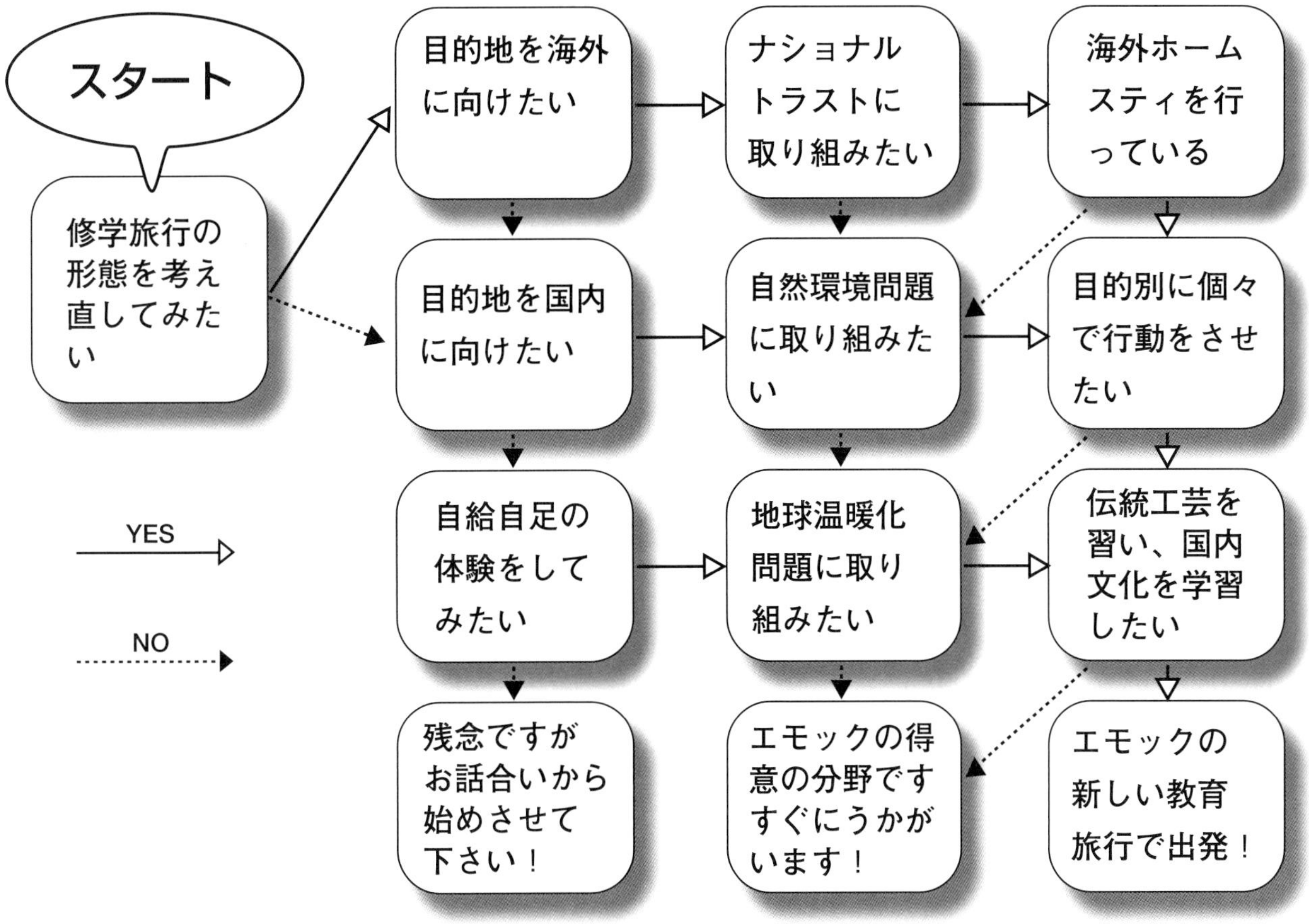

スタート
修学旅行の形態を考え直してみたい
目的地を海外に向けたい
ナショナルトラストに取り組みたい
海外ホームスティを行っている
目的地を国内に向けたい
自然環境問題に取り組みたい
目的別に個々で行動をさせたい
自給自足の体験をしてみたい
地球温暖化問題に取り組みたい
伝統工芸を習い、国内文化を学習したい
残念ですがお話合いから始めさせて下さい！
エモックの得意の分野ですすぐにうかがいます！
エモックの新しい教育旅行で出発！
YES
NO

従来の名所旧跡を訪ねる修学旅行から、最近ではさまざまなテーマを生徒個々または小グループごとにコンセプトメークしひとつの社会貢献の一環として、位置づける学習旅行へと形態移行しつつあります。

小社では国内及び海外の各種特殊業界視察旅行を長年の経験と実績で培い、これらのノウハウを学校教育の現場で取り入れていただき、保護者、先生、生徒と一体化した旅行づくりを行っております。

一例

- 海、山、川の動物、小動物の生態系研究
- 春の田植えと秋の収穫体験、自給自足のキャンプ
- 生ごみ処理、生活廃水、産業廃棄物、地球温暖化などの環境問題研究
- ナショナルトラスト（環境保全施設、自然環境、道の駅、ウォーキング）
- 語学研修（ホームスティ、ドミトリー、チューター付研修）など

［取扱旅行代理店］ **（株）エモック・エンタープライズ**

担当：山本／半田

国土交通大臣登録旅行業第1144号
東京都港区西新橋1-19-3　第２双葉ビル２階
E-mail:amok-enterprise@amok.co.jp

日本旅行業協会正会員（JATA）
☎ 03-3507-9777（代）
URL:http://www.amok.co.jp/

お便りコーナー

サクセス広場

いままでで一番の冒険は?

部活の試合の帰りに友だち４人で**15㎞以上歩き**ました。17時から４時間も。疲れたぁー。その後親にこってり絞られました。

（中３・W.Kさん）


去年の夏に、**カヌーで川下り**をしたのがすごく楽しくて、まさに「冒険」って感じでした！　今年の夏も行きたいな～。

（中２・がリバーさん）


やったこともない競技なのに、県でも**強豪の部活**に入ったこと。大変だけど、毎日めちゃくちゃ充実してます！

（中２・思い立ったが吉日さん）


年があけてすぐに地元の神社へ初詣に行ったのがぼくにとっての大冒険でした。**真夜中に外に出る**なんて、なんだか大人になった気がしてワクワクしました。

（中２・七福神さん）


おばあちゃんがいる田舎に遊びにいったとき、妹と**森を探検**しました。段々暗くなってきて木がおばけに見えてこわかった･･･。

（中２・きもだめしさん）


海外に単身赴任していた父に１人で会いに行ったことです！　空港まで送り迎えしてもらったけど、飛行機のなかは１人でドキドキ。その割にはよく寝たかな･･･？

（中２・無事かえるさん）

新学期、楽しみなことは?

クラス替えが楽しみというか緊張するというか…担任の先生もだれになるかわからないし…４月のことを考えると毎日ドキドキです！
（中２・A組になりたいさん）

新学期の楽しみといえば、**筆記用具を全部新しくする**こと。これで勉強にも力が入るはず！

（中２・N.Uさん）

５月にある**合唱コンクール**。３年生の合唱はいつもすごくうまくてきれいで、自分たちもあんなふうになれるのかな～と思っていたのに、いつのまにか自分も３年生。先輩たちのように頑張るぞ！
（中３・COSMOSさん）

クラス替え。今度こそ**好きな人と同じクラス**になりたいです！　神さま、お願いします！

（中３・H.Hさん）


部活動！　３年生になる今年、県大会でどこまでいけるかみんな楽しみで仕方ありません。

（中３・蹴球マシーン２号さん）

君の名前の由来教えて!

姉が「友希」で私が「望美」です。**2人合わせて希望！**　気に入っています！

（中２・のんちゃんさん）


干支にちなんでつけたそうで、**「卯」**という字が入って結構渋いんです。もっとかわいい名前がよかったけど、これはこれでインパクトがあっていいのかも？

（中２・ねこも好きさん）

強い男になれ、で「強（ツヨシ）」。いまどき珍しいでしょ。
（中２・わんぱく小僧さん）

私が生まれた日はとっても天気がいい日だったそうなので、その**晴天にちなんで**「千晴」と名付けたそうです。結構気に入ってます。

（中２・あっぱれさん）

外国に行っても**みんなが発音しやすいように**って。「サラ」って言いやすいんだそうです。
（中３・海外旅行いきたいさん）

必須記入事項

A／テーマ、その理由　B／住所　C／氏名
D／学年　E／ご意見、ご感想など

ハガキ、FAX、メールを下記までどしどしお寄せください!

住所・氏名は正しく書いてください!!

ペンネームは氏名のうしろに(　)で書いてネ!

【例】サク山太郎（サクちゃん）

あて先

〒101-0047　東京都千代田区内神田2-4-2
グローバル教育出版　サクセス編集室
FAX:03-5939-6014
e-mail:success15@g-ap.com

募集中のテーマ

「家族のそっくりエピソード」

「遠足の思い出」

「恋に落ちた瞬間は?」

応募〆切 2014年5月15日

ここにメールしてね!!

success15

ケータイから上のQRコードを読み取り、メールすることもできます。

掲載されたかたには抽選で図書カードをお届けします!

掲載にあたり一部文章を整理することもございます。個人情報については、図書カードのお届けにのみ使用し、その他の目的では使用いたしません。

Event

湘南祭2014

4月26日（土）・4月27日（日）
サザンビーチちがさき

いろんなイベントで春のビーチを楽しもう！

湘南祭が行われるのは、なんと砂浜のビーチ。会場となるサザンビーチちがさきでは、2日間にわたって多くのイベントが開催される。50店以上の屋台や珍しい砂浜でのフリーマーケット、海を臨みながら色々なショーが楽しめるステージ、カヤックの体験会やビーチサッカー大会などなど、春のビーチをめいっぱい楽しめる内容のものばかり。さわやかな海風を感じながら、とっておきの思い出を作ろう。

Art

こども展 名画にみるこどもと画家の絆

4月19日（土）～6月29日（日）
森アーツセンターギャラリー

ポール・セザンヌ《芸術家の息子の肖像》1881-82年 オランジュリー美術館 ©RMN-Grand Palais (musée de l'Orangerie)/Franck Raux / distributed by AMF-DNPartcom

「こども展」の招待券を5組10名様にプレゼントします。応募方法は67ページを参照。

みんなこどもが大好きだった

ピカソ、ルソー、モネ、ルノワール、セザンヌ、ドニ、藤田嗣治などなど、日本でも人気を誇る西洋絵画の巨匠たちが描いた子どもの絵が大集合する展覧会が、森アーツセンターギャラリーで開催される。約50名の画家たちによるおよそ90点の出展作品の多くは、画家自身の子どもや、身近な子どもを描いた愛情と温かみのあふれる作品ばかり。それぞれの作品に秘められた想いやきずなに迫るこれまでにない展覧会だ。

Exhibition

法隆寺―祈りとかたち

4月26日（土）～6月22日（日）
東京藝術大学大学美術館

「吉祥天立像」（国宝）平安時代、法隆寺蔵、写真提供：奈良国立博物館（撮影 森村欣司）

「法隆寺展」の招待券を5組10名様にプレゼントします。応募方法は67ページを参照。

奈良・法隆寺の選りすぐりの名宝を紹介

607年に聖徳太子によって創建された、日本を代表する寺院、法隆寺。現存する世界最古の木造建築群としてユネスコの世界遺産にも登録されている。東京では20年ぶりの大規模な展覧会となる今回の「法隆寺―祈りとかたち」展では、金堂の国宝・毘沙門天立像と国宝・吉祥天立像を筆頭に、飛鳥時代から鎌倉時代を代表する彫刻や絵画等の名宝約70件が一堂に会する貴重な機会となっている。

サクセス イベントスケジュール 4月～5月

世間で注目のイベントを紹介

ゴールデンウィーク

4月末から5月頭にかけての大型連休・ゴールデンウィーク。祝日の名前は、4月29日が「昭和の日」、5月3日が「憲法記念日」、5月4日が「みどりの日」、5月5日が「こどもの日」だよ。お出かけにはぴったりだけど、遊んでばかりじゃなくちゃんと勉強もしようね。

Art

超絶技巧！ 明治工芸の粋 ―村田コレクション一挙公開―

4月19日（土）～7月13日（日）
三井記念美術館

【金工】正阿弥勝義《古瓦鳩香炉》 清水三年坂美術館蔵

「超絶技巧！ 明治工芸の粋」の招待券を5組10名様にプレゼントします。応募方法は67ページを参照。

超絶技巧作品から知る明治のクールジャパン

近年注目されている明治の工芸。なかでも超絶技巧と呼ばれる精緻《せいち》な作品が人気だ。例えば写真の正阿弥勝義の金工（金属を使った工芸）は、高さ15㎝ほどの小ぶりなものだが、よく見ると瓦に小さなクモが1匹隠れている。鉄を打ち出して作られた古瓦の質感といまにも動き出しそうな生きものたちを表した表現力は、まさに超絶技巧！ 展覧会では、金工・七宝・漆工などさまざまな超絶技巧作品が堪能できる。

Exhibition

サンシャイン水族館×早川いくを「へんないきもの展～ナマモノ～」

3月15日（土）～5月25日（日）
サンシャイン水族館

へんだけど、おもしろい！ 変わった生きものが大集合！

サンシャイン水族館では、ベストセラー『へんないきもの』の著者・早川いくをとのコラボによる一風変わった特別展が注目を集めている。胸ビレと腹ビレで歩くように水底を動くロングノーズバットフィッシュ（写真）や、「深海の掃除屋」と呼ばれるダイオウグソクムシ、全身トゲでおおわれた姿のイガグリガニなど、さまざまな「へんないきもの」に会うことができる。楽しみながら生きものの神秘を体感しよう。

Art

ミラノ ポルディ・ペッツォーリ美術館 華麗なる貴族コレクション

4月4日（金）～5月25日（日）
Bunkamuraザ・ミュージアム

ピエロ・デル・ポッライウォーロ《貴婦人の肖像》1470年頃 テンペラ・板

ミラノの名門貴族の華麗なる美の遺産

イタリア・ミラノにあるポルディ・ペッツォーリ美術館は、ヨーロッパで最も優雅な邸宅美術館と呼ばれており、ミラノ有数の貴族であるジャン・ジャコモ・ポルディ・ペッツォーリが受け継いだ先祖代々の財宝と自身が蒐集《しゅうしゅう》した美術品からなる華麗なコレクションを有している。展覧会ではその貴族の美意識あふれるコレクション約80点（しかもほとんどすべて日本初公開！）を見ることができる。

～サクセス18のご紹介～

サクセス18は早稲田アカデミーが創った現役生難関大学受験専門塾です。

早稲田 232名合格
慶應 142名合格
上智 152名合格

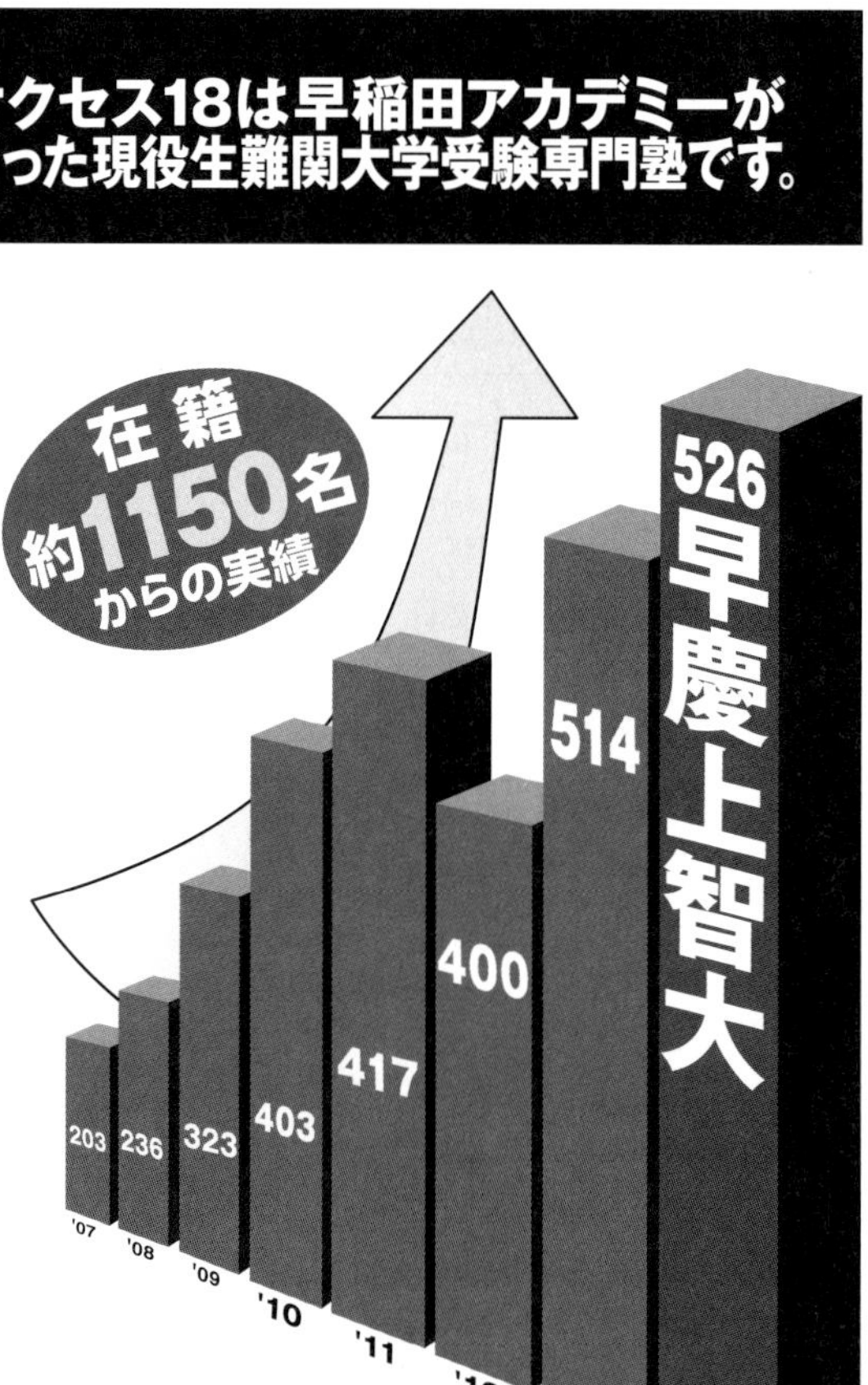

'12 '13 '14

一橋大・東工大 東京外大・医科歯科大	明治	青山	立教
28名合格	143名合格	67名合格	99名合格

中央	学習院	法政	理科大
124名合格	29名合格	109名合格	81名合格

※合格者数は3月22日現在判明分。
グラフは前年同時期の比較です。
今後未判明分、補欠繰上げ等により
合格者数は増加することがあります。

※合格者数は、早稲田アカデミー教育グループ（早稲田アカデミーサクセス18・MYSTA・早稲田アカデミー個別進学館（直営4校舎のみ）の平常授業または特別クラス、夏期・冬期東大合宿に在籍し、授業に参加した生徒のみを対象に集計しています。模試のみを受験した生徒は、一切含んでおりません。

一橋大学［法学部］合格

慶應義塾大学［経済学部］、早稲田大学［政治経済学部・法学部・国際教養学部］、上智大学［法学部］、中央大学［法学部］、明治大学［政治経済学部］、日本女子大学［人間社会学部］

江本 磨依（私立光塩女子高校）

早稲アカでの思い出

私は中学三年から、４年間、早稲アカに通いました。こうして無事に第一志望の大学に合格することができて、改めて受験生活における早稲アカの支えの大きさに気付かされました。私が思う早稲アカの美点は、第一に精神面でのサポートです。日々の対話や定期的な面談の中でのたくさんの激励があったからこそ、私は最後まで受験勉強を頑張りきることができました。生徒を一人一人を把握した綿密なサポートは少人数制の早稲アカならではだと思います。第二に、明確な努力のすすめです。夏期合宿や必勝合宿、正月特訓など、早稲アカの指導方針は人並み以上の努力を要しますが、こうしたまっすぐな努力の蓄積は確かに結果に繋がります。そして、受験当日などの切迫した状況でこそ、早稲アカとともに歩んできた努力の軌跡は真価を発揮し、受験生を不安から解き放ってくれるはずです。４年前、早稲アカへの通塾という選択をしたからこそ、私は自分の望む結果が出せたのだと確信しています。受験生の皆さんも、早稲アカを信じてまっすぐに努力を続けて輝かしい未来を開いていってください。応援しています。

早稲田大学［創造理工学部］合格

首都大学［都市教養学部］、東京理科大学［工学部・理工学部］、明治大学［理工学部］、法政大学［理工学部］、東京都市大学［工学部］

井上 遼哉（私立東京都市大学付属高校）

早稲田アカデミーから得たモノ

私の中学３年間は、親の目が届いていないのを良いことに、勉強のモチベーションが低下していきました。中学校の勉強はどうにかなりましたが、高校ではそうはいきません。高校１年の成績は散々なものでした。そんな中で出会った塾が、早稲アカでした。早稲アカの授業はとても体系的でわかりやすく、かつ先生と生徒のコミュニケーションが多い、体験授業でそう感じた私は、早稲アカで学ぼうと決めました。２年生の夏に合宿に参加し、周りに触発され、かつ校舎でのハイレベルな仲間の存在は、私のモチベーションをさらに上げていきました。３年生になり、早稲田大学を志望していた私は、早慶必勝に参加しました。校舎より更にハイレベルな仲間との競争は、私を大きく成長させました。この頃には、スタート段階で高い目標であった早稲田大学が、現実的な目標になっていきました。入試までの期間、質の高い授業だけでなく精神的なサポートや丁寧な面談、正月特訓など様々なサポートを経て、今の合格があると思っています。私は早稲田アカデミーによって志望校へ合格できました。本当にありがとうございました。

慶應義塾大学［薬学部］合格

東京理科大学［薬学部］

荒木 匡（都立国立高校）

早稲田アカデミーサクセス18への感謝

僕は高3の4月に国分寺校へ入塾した。高校受験でもお世話になった早稲田アカデミーの雰囲気が好きだったからだ。僕は1、2年生の頃は部活や行事、生徒会活動に夢中で勉強はほぼやっていなかったので、受験の為に1から勉強し直さなくてはいけなかった。また、高3になってからも夏は文化祭の準備で朝から晩まで毎日学校に居たため勉強時間をあまり確保できなかった。そんな僕でも合格を掴み取ることができたのは、サクセス18の先生方のおかげだ。入塾当時は行きたい大学も学部も曖昧で、やる気も上がり調子ではなかったが、先生方が親身になってアドバイスをして下さり、目標が定まったことで勉強にも身が入るようになった。授業でも、少人数だからこその1人1人に寄り添った的確な指導をして下さった。1コマ2時間という長さは集中力の続かない僕にも合っていて、授業の間全力で取り組むことができた。また家で勉強に集中できない僕は自習室をよく使った。落ち着いて取り組め、先生にもすぐ質問できる環境でとても捗った。早稲アカで勉強をしていると少しずつ確実に実力が身についていることを実感することができた。家族はもちろんだが、早稲アカで授業をして下さった野上先生、庄司先生、高村先生、石川先生、面倒を見てくれた事務やアシストの方々、切磋琢磨した早稲アカの仲間。感謝してもしきれない。サクセス18を選んで本当に良かった。一年間、本当にお世話になりました。ありがとうございました。

上智大学［法学部］合格

立教大学［法学部］

会田 南萌（私立浦和明の星女子高校）

システム＋情熱＝サクセス18の魅力

サクセス18は通常授業や日曜日の必勝講座、夏期合宿はもちろん素晴らしいのですが、私が一番魅力に感じたことは先生と生徒の距離が近いところです。大手塾では考えられないような、授業を担当してくれる先生が個別の志望に合わせた細やかな指導をしてくれるのです。毎日の勉強時間を書いたリスト提出による家庭学習の管理や、合格のために一番良い勉強法をアドバイスしてくれたりしました。受験に対しての不安があるときもそのつど話を親身に聞いてくれて、精神面でもサポートしてくれていました。また、事務の方やアシストの先生方が応援してくれたのも嬉しくて、この塾の良いところだと思いました。なにより、印象に残った行事は出陣式です。先生1人1人の熱意が伝わってきて、生徒を本当に受からせたい！と思ってるんだなと強く感じました。どの先生も情熱的なところに、早稲アカ魂を感じます。『絶対に合格するぞ！』という先生たちからの最後のエールは受験が終わるまで、本当にやる気になりました。もう1つ忘れられないのが、自分たちの志望校合格を伝えたときに、先生と事務さんが自分のことのように喜んでくれたことです。自分の合格をこんなに嬉しいと思ってくれる人がいるということが、本当に本当に嬉しくて、合格できて良かったと心から思いました。1人の力では絶対にできなかった合格でした。サクセス18で受験をできて本当に良かったです。

池袋校	03-3986-7891	大泉学園校	03-5905-1911	調布校	042-482-0521	大宮校	048-641-4311
御茶ノ水校	03-5259-0361	荻窪校	03-3391-2011	新百合ヶ丘校	044-951-0511	所沢校	04-2926-2811
渋谷校	03-3406-6251	国分寺校	042-328-1941	宮崎台校	044-855-4481	志木校	048-476-4901

医歯薬専門予備校44年の伝統と実績

医学部完全合格64名!!

日曜集中特訓

医学部必勝講座 説明会・選抜試験 4/20(日)
説明会▶13:00～14:00
選抜試験▶14:15～16:00
高1～高3 無料

体験授業 4/21(月)～26(土) 高1～高3 無料

医学部専門個別指導 Medical 1 メディカル・ワン

早稲田アカデミー教育グループ
医歯薬専門予備校
野田クルゼ
〈御茶ノ水〉

資料請求・お問い合わせ・各種お申し込みはお気軽にこちらへ

現役校 Tel 03-3233-6911(代) Fax 03-3233-6922 受付時間 13:00~22:00

本　校 Tel 03-3233-7311(代) Fax 03-3233-7312 受付時間 9:00~18:00

野田クルゼの最新情報はホームページでもご確認いただけます。 野田クルゼ 検索

“個別指導”だからできること × “早稲アカ”だからできること

- 難関校にも対応できる
- 弱点を集中的に学習できる
- 最終授業が20時から受けられる
- 早稲アカのカリキュラムで学習できる

広がる早稲田アカデミー個別指導ネットワーク

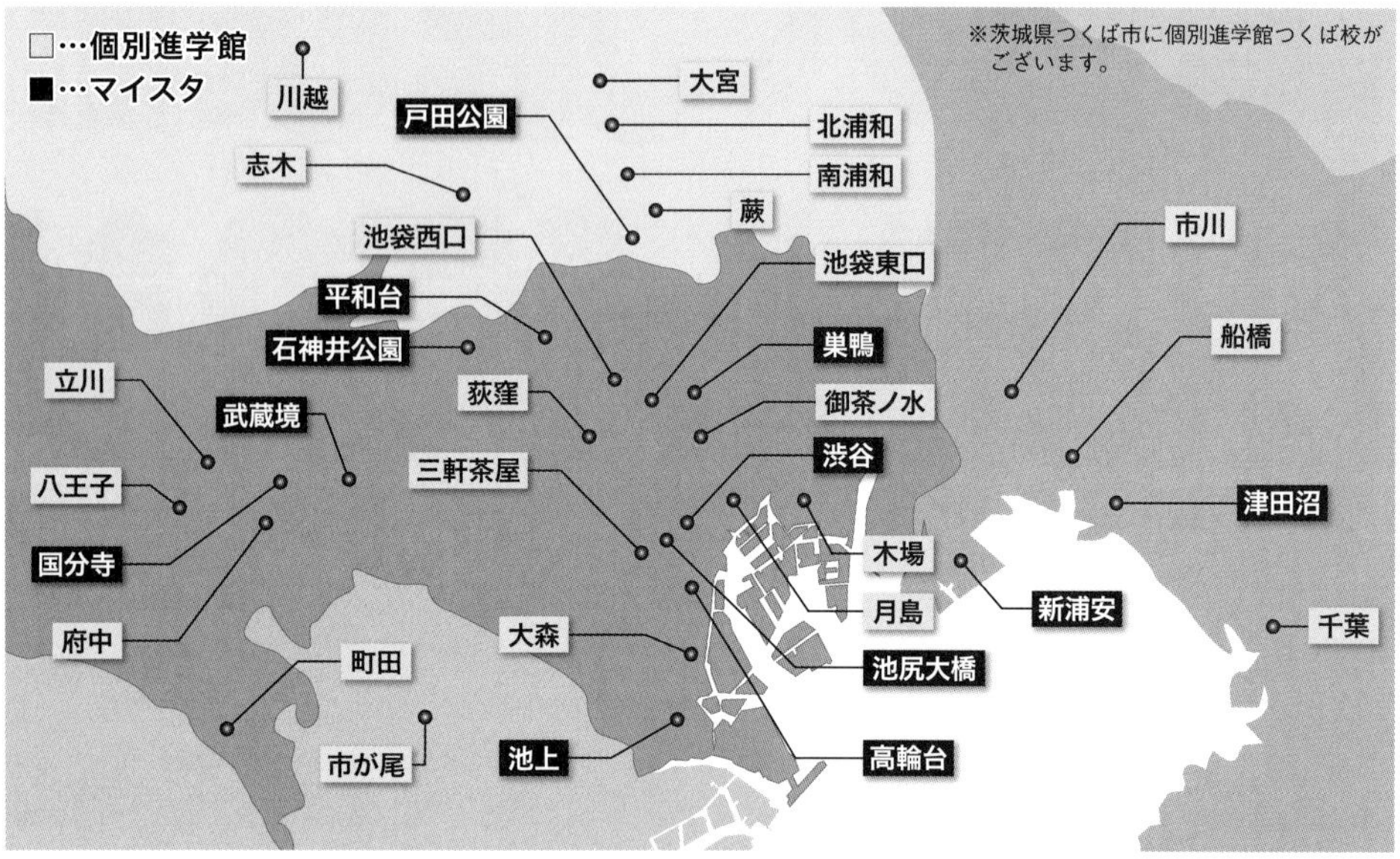

マイスタは2001年に池尻大橋教室・戸田公園教室の2校でスタートし、個別進学館は2010年の志木校の1校でスタートした、早稲田アカデミーの個別指導ブランドです。お子様の状況に応じて受講時間・受講科目が選べます。また、早稲田アカデミーの個別指導なので、集団授業と同内容を個別指導で受講することができます。マイスタは1授業80分で1:1または1:2の指導形式です。個別進学館は1授業90分で指導形式は1:2となっています。カリキュラムなどはお子様の学習状況、志望校などにより異なってきます。お気軽にお近くの教室・校舎にお問い合わせください。

悩んでいます… **中2**

クラブチームに所属していて、近くの早稲アカに通いたいのに、曜日が合わない科目があります。

解決します!

早稲アカの個別指導では、集団校舎のカリキュラムに準拠した指導が受けられます。数学だけ曜日があわないのであれば、数学だけ個別で受講することも可能です。もちろん、3科目を個別指導で受講することもできます。

悩んでいます… **中3**

いよいよ受験学年。中2の途中から英語が難しくなってきて、中3の学習内容が理解できるか心配です。

解決します!

個別指導はひとりひとりに合わせたカリキュラムを作成します。集団校舎で中3内容を、個別指導では中2内容を学習することも可能です。早稲田アカデミー集団校舎にお通いの場合は、担当と連携し、最適なカリキュラムを提案します。

悩んでいます… **中3**

中2範囲の一次関数がとても苦手です。
自分でやろうとしても分からないことだらけで…。

解決します!

個別指導では範囲を絞った学習も可能です。一次関数だけ、平方根だけなど、苦手な部分を集中的に学習することで理解を深めることができます。『説明を聞く→自分で解く』この繰り返しで、分かるをできるにかえていきます。

新規開校 早稲田アカデミー 個別進学館 **市が尾校・北浦和校・千葉校** 新入生受付中!

小・中・高 全学年対応 / 難関受験・個別指導・人材育成

早稲田アカデミー個別進学館

WASEDA ACADEMY KOBETSU SCHOOL

新入塾生 受付中!

お問い合わせ・お申し込みは最寄りの個別進学館各校舎までお気軽に!

池袋東口校 03-3971-1611	池袋西口校 03-5992-5901	御茶ノ水校 03-3259-8411	荻窪校 03-3220-0611
大森校 03-5746-3377	月島校 03-3531-3860	三軒茶屋校 03-5779-8678	木場校 03-6666-4222
町田校 042-720-4331	府中校 042-314-1222	八王子校 042-642-8867	立川校 042-548-0788
市が尾校 045-979-3368	大宮校 048-650-7225	北浦和校 048-822-6801	南浦和校 048-882-5721
蕨 校 048-444-3355	志木校 048-485-6520	川越校 049-277-5143	市川校 047-303-3739
船橋校 047-411-1099	千葉校 043-302-5811	つくば校 029-855-2660	

MYSTA 早稲田アカデミー 個別指導マイスタ

新入塾生 受付中!

お問い合わせ・お申し込みは最寄りのMYSTA各教室までお気軽に!

渋谷教室 03-3409-2311	池尻大橋教室 03-3485-8111	高輪台教室 03-3443-4781
池上教室 03-3751-2141	巣鴨教室 03-5394-2911	平和台教室 03-5399-0811
石神井公園教室 03-3997-9011	武蔵境教室 0422-33-6311	国分寺教室 042-328-6711
戸田公園教室 048-432-7651	新浦安教室 047-355-4711	津田沼教室 047-474-5021

「個別指導」という選択肢──

《早稲田アカデミーの個別指導ブランド》

MYSTA 早稲田アカデミー 個別指導マイスタ

早稲田アカデミー 個別進学館

目標・目的から逆算された学習計画

マイスタ・個別進学館は早稲田アカデミーの個別指導ブランドです。個別指導の良さは、一人ひとりに合わせた指導。自分のペースで苦手科目・苦手分野の学習ができます。しかし、目標には必ず期日が必要です。そこで、期日までに必要な学習内容を終えるための、逆算された学習計画が必要になります。早稲田アカデミーの個別指導では、入塾の際に長期目標／中期目標を保護者・お子様との面談を通じて設定し、その目標に向かって学習計画を立てることで、勉強への集中力を高めるようにしています。

集団授業のノウハウを個別指導用にカスタマイズ

マイスタ・個別進学館の学習カリキュラムは、早稲田アカデミーの集団授業のカリキュラムを元に、個別指導用にカスタマイズしたカリキュラムです。目標達成までに何をどれだけ学習するかを明確にし、必要な学習量を示し、毎回の授業・宿題を通じて目標に向けて学習し続けるためのモチベーションを維持していきます。そのために早稲田アカデミー集団校舎が持っている『学習する空間作り』のノウハウを個別指導にも導入しています。

難関校にも対応

マイスタ・個別進学館は進学個別指導塾です。早稲田アカデミー教務部と連携し、難関校と呼ばれる学校の受験をお考えのお子様の学習カリキュラムも作成します。また、早稲田アカデミーオリジナルの難関校向け教材も、カリキュラムによっては使用することができます。

好きな曜日!!
「火曜日はピアノのレッスンがあるので集団塾に通えない…」そんなお子様でも安心!! 好きな曜日や都合の良い曜日に受講できます。

1科目でもOK!!
「得意な英語だけを伸ばしたい」「数学が苦手で特別な対策が必要」など、目的・目標は様々。1科目限定の集中特訓も可能です。

好きな時間帯!!
「土曜のお昼だけに通いたい」というお子様や、「部活のある日は遅い時間帯に通いたい」というお子様まで、自由に時間帯を設定できます。

回数も自由に設定!!
一人ひとりの目標・レベルに合わせて受講回数を設定できます。各科目ごとに受講回数を設定できるので、苦手な科目を多めに設定することも可能です。

苦手な単元を徹底演習!
平面図形だけを徹底的にやりたい。関係代名詞の理解が不十分、力学がとても苦手…。オーダーメイドカリキュラムなら、苦手な単元だけを学習することも可能です!

定期テスト対策をしたい!
塾の勉強と並行して、学校の定期テスト対策もしたい。学校の教科書に沿った学習ができるのも個別指導の良さです。苦手な科目を中心に、テスト前には授業を増やして対策することも可能です。

実際の授業はどんな感じ?

無料体験授業 個別指導を体験しよう!

自分にあった塾かどうかは実際に授業を受けてみるのが一番!! **受付中**

好きな科目を選んで無料で実際の授業（1時限）を受けることができます。 ※お電話にてお気軽にお申し込みください。

お子様の夢、目標を私たちに応援させてください。

無料 個別カウンセリング 受付中

その悩み、学習課題、私たちが解決します。 個別相談時間 30分～1時間

勉強に関することで、悩んでいることがあればぜひ聞かせてください。経験豊富なスタッフが最新の入試情報と指導経験をフルに活用し、丁寧にお応えします。 ※ご希望の時間帯でご予約できます。お電話にてお気軽にお申し込みください。

早稲田アカデミーの個別指導は首都圏に35校〈マイスタ12教室 個別進学館23校舎〉

パソコン・携帯で [MYSTA] または [個別進学館] 検索

Success15 Back Number

2014
4月号

勉強も部活動も頑張りたいキミに
両立のコツ、教えます

水族館・動物園などのガイドツアー

SCHOOL EXPRESS
慶應義塾

Focus on
東京都立駒場

2014
3月号

どんなことをしているの？
高校生の個人研究・卒業論文

理系知識を活かしたコンテスト

SCHOOL EXPRESS
東京学芸大学附属

Focus on
千葉県立船橋

2014
2月号

勉強から不安解消まで
先輩たちの受験直前体験談

合格祈願グッズ

SCHOOL EXPRESS
開成

Focus on
千葉県立千葉

2014
1月号

冬休みの勉強法
和田式ケアレスミス撃退法

直前期の健康維持法

SCHOOL EXPRESS
早稲田大学本庄高等学院

Focus on
埼玉県立大宮

2013
12月号

東京大学ってこんなところ
東大のいろは

「ゆる体操」でリラックス

SCHOOL EXPRESS
早稲田大学高等学院

Focus on
埼玉県立浦和第一女子

2013
11月号

教えて大学博士！
なりたい職業から学部を考える

学校カフェテリアへようこそ

SCHOOL EXPRESS
慶應義塾志木

Focus on
千葉県立東葛飾

2013
10月号

模試を有効活用して
合格を勝ち取る！

中1・中2 英・国・数

SCHOOL EXPRESS
桐朋

Focus on
神奈川県立川和

2013
9月号

SSHの魅力に迫る！

東京歴史探訪

SCHOOL EXPRESS
法政大学第二

Focus on
東京都立立川

2013
8月号

現役高校生に聞いた！
中3の夏休みの過ごし方

自由研究のススメ

SCHOOL EXPRESS
中央大学附属

Focus on
埼玉県立浦和

2013
7月号

学校を選ぼう
共学校・男子校・女子校のよさを教えます！

使ってナットク文房具

SCHOOL EXPRESS
栄東

Focus on
神奈川県立横浜翠嵐

2013
6月号

今年出た！ 高校入試の
記述問題にチャレンジ

図書館で勉強しよう

SCHOOL EXPRESS
青山学院高等部

Focus on
東京都立国立

2013
5月号

難関校に合格した
先輩たちの金言

英語で読書

SCHOOL EXPRESS
山手学院

Focus on
東京都立戸山

2013
4月号

早大生、慶大生に聞いた
早稲田大学・慶應義塾大学

学校クイズ

SCHOOL EXPRESS
東邦大学付属東邦

Focus on
千葉市立千葉

2013
3月号

みんなの視野が広がる！
海外修学旅行特集

部屋を片づけ、頭もスッキリ

SCHOOL EXPRESS
早稲田実業学校

Focus on
東京都立日比谷

2013
2月号

これで安心
受験直前マニュアル

知っておきたい2013こんな年！

SCHOOL EXPRESS
城北埼玉

Focus on
神奈川県立横浜緑ヶ丘

2013
1月号

冬休みにやろう！
過去問活用術

お守りに関する深イイ話

SCHOOL EXPRESS
中央大学

Focus on
埼玉県立越谷北

2012
12月号

大学キャンパスツアー特集
憧れの大学を見に行こう！

高校生になったら留学しよう

SCHOOL EXPRESS
筑波大学附属駒場

Focus on
東京都立青山

これより前のバックナンバーはホームページでご覧いただけます（http://success.waseda-ac.net/）

サクセス15 バックナンバー 好評発売中!

How to order バックナンバーのお求めは

バックナンバーのご注文は電話・FAX・ホームページにてお受けしております。詳しくは80ページの「information」をご覧ください。

＜コーナー名＞

＜本文中記事＞

Success15

5月号

編集後記

　この号が出るころには高校受験が終了し、新学期が始まっています。新中学３年生にとっては勝負の１年がスタートしたことになります。

　今回の特集では、今春の高校受験で見事難関高校に合格した先輩たち５人のインタビューを掲載しています。話の内容は五者五様といった感じですが、そのなかでも多く聞かれたのは「１・２年生でもう少し基礎を固めていれば、もっと楽に勉強を進められたはず」という声でした。「わかっているけどやる気が起きない」のが勉強の難しいところですが、これからのために、毎日５分でもいいから、いまより勉強時間を増やしてみませんか？（C）

Next Issue 6月号は…

Special 1

今年出た入試問題特集

Special 2

快眠のススメ

School Express

豊島岡女子学園高等学校

Focus on 公立高校

埼玉県立春日部高等学校

サクセス編集室お問い合わせ先

TEL 03-5939-7928

FAX 03-5939-6014

高校受験ガイドブック2014 5 サクセス15

発行　2014年4月15日　初版第一刷発行

発行所　株式会社グローバル教育出版
〒101-0047 東京都千代田区内神田2-4-2
TEL 03-3253-5944
FAX 03-3253-5945
http://success.waseda-ac.net
e-mail success15@g-ap.com
郵便振替 00130-3-779535

編集　サクセス編集室

編集協力　株式会社 早稲田アカデミー

Information

『サクセス15』は全国の書店にてお買い求めいただけますが、万が一、書店店頭に見当たらない場合は、書店にてご注文いただくか、弊社販売部、もしくはホームページ（左記）よりご注文ください。送料弊社負担にてお送りします。定期購読をご希望いただく場合も、上記と同様の方法でご連絡ください。

Opinion, Impression & etc

　本誌をお読みになられてのご感想・ご意見・ご提言などがありましたら、ぜひ当編集室までお声をお寄せください。また、「こんな記事が読みたい」というご要望や、「こういうときはどうしたらいいの」といったご質問などもお待ちしております。今後の参考にさせていただきますので、よろしくお願いいたします。